SAMSTAGS BIN ICH SUSHI

Originelle Kostüme, die garantiert auffallen

Senta Best
Viola Krauß

Mit Illustrationen
von Rinah Lang

BASTEI LÜBBE

BASTEI LÜBBE TASCHENBUCH
BAND 60857

Das Basteln, Tragen und Performen all der wunderbaren Kostüme, die in diesem Buch vorgestellt werden, geschieht auf eigene Gefahr. Keiner haftet beispielsweise, wenn dir der Arm in der Sushirolle stecken bleibt oder du dich als Ohrfeigenbaum in einer Prügelei verzettelst.

ORIGINALAUSGABE

ILLUSTRATIONEN: RINAH LANG,
WWW.SIGNORINAH.DE
GESTALTUNG UND SATZ: CHARLOTTE DRIESSEN,
WWW.CHARLOTTEDRIESSEN.DE
DRUCK UND VERARBEITUNG: GGP MEDIA GBMH, PÖSSNECK
PRINTED IN GERMANY
ISBN 978-3-404-60857-7

5 4 3 2 1

BASTEI
LÜBBE

Inhalt

Kurioses

Um die Ecke gedacht

Ideen für Mottopartys

* für Kurzentschlossene

Vorwort

In den letzten Jahren ist ziemlich viel passiert: Das menschliche Genom wurde entschlüsselt, das Internet entwickelt, »Wetten dass ..?« abgesetzt – und wir verkleiden uns immer noch als Cowboys, Indianer und Krankenschwestern?! Es ist Zeit für neuen Schwung in der Kostümkiste! Zur Inspiration stellen wir auf den folgenden Seiten noch nie dagewesene Zeitgenossen für Karneval, Bad-Taste-Feten, Mottopartys, Junggesellenabschiede oder Halloween vor. Etwa den Rächer der Entrechteten namens Ohrfeigenbaum, das völlig unterschätzte Mauerblümchen oder die Medusa Mortalis, die stolze Königin im Reich der Kostüme. Dieses Buch ist prall gefüllt mit einfallsreichen, stilvollen und saukomischen Verkleidungsvorschlägen – egal zu welchem Anlass. Also lass die überteuerten Polyesterkostüme im Laden hängen, und mach selber eins! Das ist nicht nur echt nachhaltig und gut fürs Universum, sondern sowieso viel cooler. Und es lässt dich dein kurzzeitiges Ich so richtig lieb haben.

»Samstags bin ich Sushi« liefert aber nicht nur pfiffige Ideen, sondern hilft dir auch bei deren Umsetzung. Dein handwerkliches Geschick lässt zu wünschen übrig? Das macht nichts – auch wir sind keine Bastelgötter. Also keine Sorge, all unsere Ideen lassen sich ganz einfach nachmachen. Alles, was du für deine neue Kostüm-Dimension brauchst, findest du in deinem gut sortierten Haushalt, kannst es bei Freunden ausleihen oder für schmales Geld im Supermarkt um die Ecke besorgen. Außerdem verrät Verkleidungsprofi Dr. Maskerade zu jedem Kostüm eine Menge Tipps und Tricks – sämtliche Risiken und Nebenwirkungen hat er sorgsam eruiert und verteilt für jedes Kostüm eine entsprechende Anzahl Sternchen.

Und weil Basteln gemeinsam am meisten Spaß macht, lädst du am besten ein paar Freunde ein, reichst Snacks, Getränke und die passenden Partyhits, und zack – fängt die Feier schon beim Basteln an!

Viel Spaß dabei wünschen
die Autorinnen

Ist doch unsere zivilisierte Welt nur eine große Maskerade. Arthur Schopenhauer

KLEINE LEGENDE

 für Halloween geeignet

 für Junggesellenabschiede geeignet

 für Bad-Taste-Partys geeignet

 als Gruppenkostüm geeignet

Zeitge

nossen

Faul, fauler: Die Couch-Potato

WER BIN ICH?

Eine waschechte Couch-Potato zeichnet sich durch extreme Trägheit aus. Deren Auslöser? In 99,9 % der Fälle pure Faulheit. Fortbewegung, Essensaufnahme und die Einflößung von Getränken jeglicher Art geschieht nur seeeeehr laaangsaaam. Ja, auch und gerade eben in Extremsituationen wie beispielsweise großem Partygedränge!

Weil die Couch-Potato so furchtbar faul ist, bekommt man sie nur selten dazu, neue Drinks zu organisieren oder gar die Location zu wechseln. Auch ein heiterer Schwof auf dem Parkett findet eher morgen als heute statt.

Die allerliebste Position der Couch-Potato ist, na logisch: die Horizontale – und zwar so lange und so weich wie möglich. Auch ein kleines Schläfchen zwischendurch ist jederzeit drin, egal, wo. Eins steht fest: Wer eine Engelsgeduld und penetrante Beharrlichkeit aufbringen kann und schließlich mit der Couch-Potato anbändelt, hat in jedem Fall einen Freund fürs Leben gefunden. Und im besten Fall Chips bis zum Lebens-, äh, Pardon, Partyende.

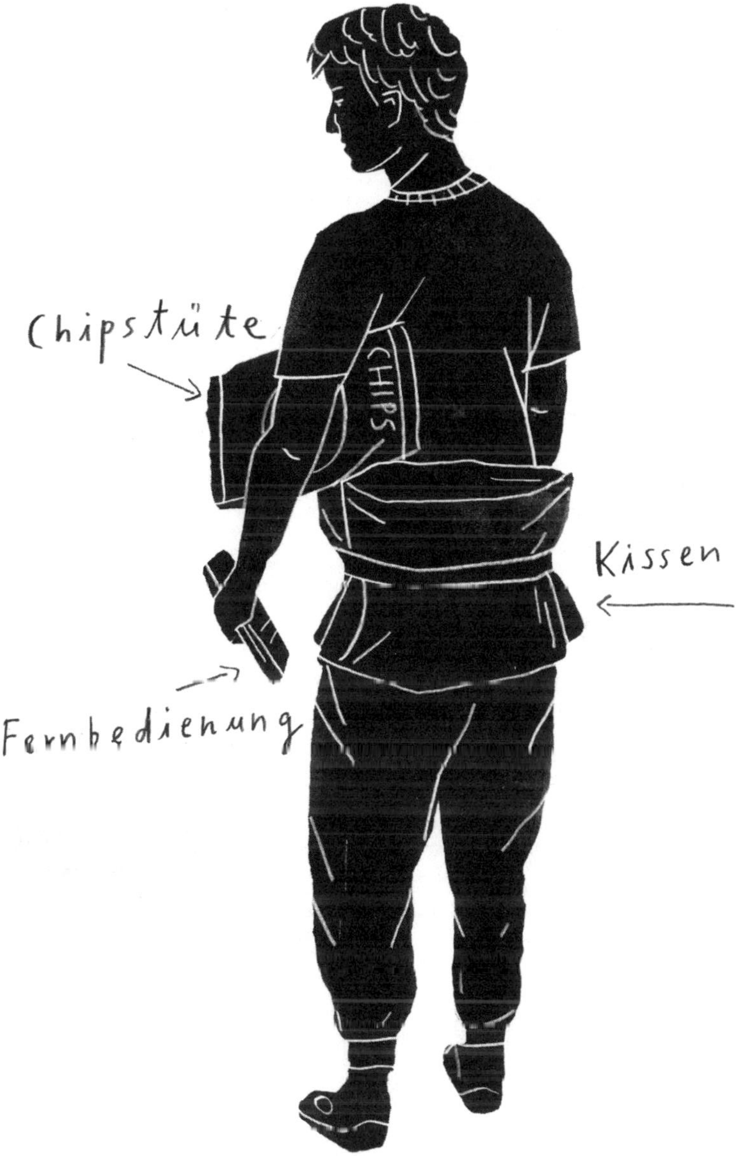
Chipstüte
CHIPS
Kissen
Fernbedienung

MAN NEHME:

- → 1 bequeme, leicht versiffte Jogginghose
- → 1 Unterhemd/Shirt/Pullover (je nach Jahreszeit), möglichst ausgeleiert und ungewaschen
- → 1–2 fleckige Sofakissen
- → 1 schäbige Plastiktüte
- → 3–7 Packungen Chips/Salzstangen o. Ä.
- → 1 Fernbedienung
- → 1 Gürtel

UND DANN?

Das weltweit bequemste Kostüm kannst du mit extrem wenig Aufwand herstellen: Schmeiß dich in die oben beschriebene Kleidung, schnall dir ein bis zwei Kissen mit dem Gürtel an den joggingbehosten Hintern, klemm dir eine Tüte Chips unter den Arm, und pack das restliche Reserve-Knabbergebäck in die Tüte. Jetzt musst du nur noch eine ausrangierte Fernbedienung in die Hand nehmen – und schon kann es losgehen. Denk dran: laaaangsaaaam!

Glutamat Galore

EFFEKTSTEIGERUNG

Fettige Haare und regelmäßiges Rülpsen

DAS MEINT DR. MASKERADE

FEIERTAUGLICHKEIT

★★★★★

Du bist der sichere Ruhepol im wildesten Partygewühl. Schließlich muss es ja auch diejenigen geben, die den gesamten Abend auf Sofas rumhängen, mit dem Kopf im Takt nicken und die Tanzfläche nach Talenten abscannen (möglicherweise sogar liegend). Heute nickst eben du – aber nur zaghaft und nur bei den langsamen Schmusenummern. Die Qualität des Abends? Hm, die hängt wohl so ziemlich vom Sitzfleisch deiner Sofanachbarn ab.

FLIRTFAKTOR

★★★★★

Du bist ein verdammter Rohdiamant. Man sieht es dir zwar nicht an, aber wer einmal neben dir auf dem Sofa gelandet ist, kommt so schnell nicht mehr hoch. Schließlich kann man mit dir wunderbar über sämtliche Serien, Castingshows und Tatortfolgen plaudern, den schönsten Tanzstil nominieren und heimlich das Ende der Rohkost heraufbeschwören – und Knabbereien gibt es auch noch!

ERLEBNISFAKTOR

★★★★★

Tja, die Welt wird wohl heute nicht unbedingt neu erfunden. Ob und was passieren wird, liegt völlig in der Hand der Mitfeiernden. Ein paar wenige Dinge kannst allerdings auch du beeinflussen: Wann wird dir wie schlecht von den vielen Chips? Welche Geschmacksrichtungen wird es geben? Wie viele Chips bekommst du auf einmal in den Mund, ohne sie zu zerbrechen? Aus wie vielen Metern Entfernung triffst du die Biergläser der anderen Gäste mit Erdnüssen?

Morgen, morgen,
nur nicht heute,
sagen alle schlauen Leute.

Redensart

Garantiert treffsicher: Der Tipp-Kicker

WER BIN ICH?

Carpe WM-Titel! Denkt dran: Noch haben wir den Pott! Was läge da näher als ein Fußballer-Kostüm? Nichts, außer irgendwas weniger Bewegungsintensives. Also tut es auch der Tipp-Kicker. Der bewegt nur ein Beinchen und trägt trotzdem ein schmuckes Trikot.

Jogi Löw, elf Gegner, ein Stadion, eine gewiefte Schusstechnik, Freistoßspray? Alles überbewertet. Jedenfalls an diesem Abend. Denn die heutigen Gegner spielen mit ganz anderen Waffen: geistreicher Konversation, vornehmem Betragen, dem Duft von frisch gewaschener und parfümierter Haut. Schiri, pfeif das! Wird er aber nicht. Da hilft es nur, sich auf die eigenen Stärken zu besinnen und auf das geschniegelte Getue der Partygegner zu pfeifen. Ein Tipp-Kicker kann sie locker mit sportlichem Schick, lässiger Entspanntheit und charmanter Bodenständigkeit schlagen – und auch mit einer traditionsreichen Vergangenheit als Verkaufsschlager, schon seit den 1920er-Jahren.

Plastikflasche
Ringelsocken

MAN NEHME:

- → 1 Sporthose
- → 1 sportliches Shirt
- → 1 ebenso sportliche Kappe
- → 1 Paar Kniesocken (gerne geringelt)
- → 1 Paar Schienbeinschoner (falls vorhanden)
- → 1 Paar Turnschuhe (möglichst fußballtauglich)
- → irgendeinen möglichst kleinen und soften (Fuß-)Ball
- → 1 große Plastikflasche mit rotem Deckel
- → Cutter
- → Nadel und Faden

UND DANN?

Schneide die Plastikflasche ca. 20 cm unter dem Deckel mit einem Cutter quer durch, und stich einige Löcher in den Plastikrand, damit du gleich mit der Nadel durchkommst. Nähe danach deinen roten Flaschen-Tipp-Knopf mit wenigen Stichen an die Kappe. Dann widme dich dem Ball, und nähe oder klebe ihn an deine Schuhspitze (falls du den Schuh nicht ruinieren willst, kann du ihn auch an den Schnürsenkeln festnähen). In die Hand nehmen geht aber auch, falls er zu groß ist. Wie? Du hast dein Fußball-Outfit noch nicht an? Dann aber schnell –
gleich ist Anpfiff!

EFFEKTSTEIGERUNG

Schild mit »Tipp mich« umhängen und Bein nach oben bewegen, sobald jemand den roten Knopf betätigt.

DAS MEINT DR. MASKERADE

FEIERTAUGLICHKEIT

Wer wird heutzutage gefeiert wie ein Popstar? Richtig: der mit dem schönsten Trikot. Total egal, was sich im richtigen Leben so abspielt – sobald du dich auf dem gesellschaftlichen Spielfeld befindest, erntest du Beifall, Ruhm und Ehre. Spätestens wenn du knipst. Also trickse deine Gegner aus: Flöße ihnen literweise Alkoholhaltiges ein, spiele sie auf der Tanzfläche, vor der Theke und in der Kloschlange geschickt aus, und sei jederzeit bereit, voll aufs Tor zu ballern. Wo sich das Tor befindet? Typisch Fußballer – dieses Buch kann doch nicht alle Fragen beantworten …

Toooor!

FLIRTFAKTOR

★★★★★

Ein schmucker Typ im sporty Outfit macht was her, da lässt es sich prima flirten. Allerdings laufen die Damen dir auch so in Scharen hinterher. Denn wer hat schon mehr Kohle und einen schmuckeren Körper als ein Tipp-Kicker? Ach so, alle von Bayern München! Und, siehst du einen von denen irgendwo? Na also, hau rein, lass dich umgarnen (aber sprich dabei besser nicht allzu viel). Und hüte dich jederzeit vor dem Abseits!

ERLEBNISFAKTOR

★★★★★

Du sahnst Schulterklopfer vom Trainer ab, wenn du Pech hast auch mal 'ne gelbe Karte, bei viel Glück einen Elfmeter. Nebenbei beförderst du einige Bälle ins Aus und hoffentlich auch mal einen ins Tor. Wenn du einen guten Berater an deiner Seite hast, nutzt du die Effektsteigerung ordentlich aus und profitierst von der wahrscheinlichen Abwesenheit jeglicher Schiris. Dieser Abend dauert hoffentlich länger als 90 Minuten …

Flach spielen, hoch gewinnen!

Redensart

Stink on: Der Skunk

WER BIN ICH?

Das Beste am Skunk: Er ist nachtaktiv. Was würde da besser passen als eine ordentliche Tanzveranstaltung? Der kleine Räuber turnt gut gelaunt auf der Feier umher, wuselt mal hier herum, trällert mal da und macht sich vor allen Dingen ausgiebig über das Buffet her. Ganz egal, was es dort zu holen gibt, Der Skunk haut es sich rein. Das tut seiner Niedlichkeit keinen Abbruch, und so möchte manch angeschickerter Gast das Tier gerne mal streicheln und nähert sich ihm arglos.

Was viele jedoch nicht wissen: Beim Skunk handelt es sich nun einmal um ein Raubtier. Und Raubtiere sind gemeinhin ziemlich gefährlich, noch dazu ist dieses hier mit Duftdrüsen ausgestattet. Nähert sich ihm jemand zu plötzlich, von hinten oder fasst es gar an, wird der Skunk stinksauer. Dann stampft er mit den Füßen, fletscht die Zähne und wedelt bedrohlich mit dem Schwanz. Sobald er seinen Hintern nach oben reckt, verbreitet sich ein unerträglicher Geruch. Die einzige Lösung? Möglichst schnell verduften!

MAN NEHME:

- → schwarze Klamotten
- → 1 schwarze Wollmütze
- → weiße Plüschreste oder einen Haufen weiße Watte oder weiße Wolle
- → 1 schwarzes Strumpfhosenbein
- → mehrere alte Socken
- → 2–3 m festen Draht
- → 1–2 Fläschchen scheußlichstes Parfüm (vielleicht ist von Weihnachten noch eins über?) und/oder Deo
- → schwarze und weiße Gesichtsschminke
- → Kleber
- → Nadel und Faden
- → Schere und Cutter

UND DANN?

Klebe auf den Rücken deines Oberteils zwei im Nacken zusammenlaufende Bahnen aus den Plüschresten bzw. Watte oder Wolle. Dann verziere deine Wollmütze ebenfalls mit einer Bahn, die oben auf dem Kopf in einem Puschel endet. Schneide von deiner Strumpfhose ein Bein ab, und fülle es mit den alten Socken oder der übrigen Watte. Vom Draht schneidest du zwei bis vier strumpfhosenbeinlange

Stücke zurecht, schiebst sie durch die Socken und formst das Ganze danach zu einem prächtigen Skunk-Schwanz. Auch dort klebst du ein paar weiße Sprenkel an und nähst ihn anschließend bombensicher an das Hinterteil deiner Hose. Lass die Hosentaschen dabei frei, denn da bringst du nun jeweils ein ekelhaftes Duftfläschchen unter. Die Sprühköpfe sollten dabei noch herauslugen, schließlich musst du bei Angriff direkt lossprühen. Perfektioniere dein Äußeres zum Schluss mit einem schwarzen Gesicht und einem weißen Streifen, der von der Stirn bis zur Nasenspitze reicht. Einmal Sprühprobe bitte – und schnell weg.

EFFEKTSTEIGERUNG

Bastle die fieseste Stinkbombe der Welt aus einem gewöhnlichen Ei: Mit einer dünnen Nadel vorsichtig einstechen, in einen NICHT luftdichten, sicheren Behälter legen und mehrere Wochen warten. Das Ei trocknet nach und nach aus – und stinkt wie die Pest!

Smell my aroma

DAS MEINT DR. MASKERADE

FEIERTAUGLICHKEIT

Du bist bestens gerüstet für einen gelungenen Party-abend: deine positive Ausstrahlung und dein Gute-Laune-Charakter sorgen dafür. Dein Kostüm ist warm und kuschelig. Und das Beste daran: Im Ernstfall verwandelt es sich blitzschnell zu einer richtig fiesen Waffe. Nur das Moven und Grooven mit dem Strumpfschwanz solltest du vorher etwas üben.

FLIRTFAKTOR

★★★★☆

Du bist so umwerfend knuddelig, dass dir die Herzen aller zu Füßen liegen. Sie dürfen nur nicht mitbekommen, dass du zu abscheulichen Gerüchen fähig bist. Unsere Empfehlung: Sprühknopf nur im absoluten Notfall oder in der hintersten dunkelsten Ecke betätigen.

ERLEBNISFAKTOR

★★☆☆☆

Einen Haufen verzückte Blicke wirst du auf jeden Fall abgreifen können. Vielleicht auch den ein oder anderen Tatscher – und dann jede Menge gerümpfte Nasen und Menschen auf der Flucht. Hoffen wir, kein Angreifer setzt sich deinem Sekret zur Wehr und gibt dir was auf deine hübsche Puschel-Nase!

Der Kopf tut weh, die Drüsen stinken, höchste Zeit, ein Bier zu trinken.

Nach einer alten Weisheit

Rosa und verkäuflich: Der Barbie-Mann

WER BIN ICH?

Endlich mal der eingebildete Schnösel sein, der etliche über den gesamten Körper verteilte Plastikmuskeln und seine 60er-Jahre-Stahlfrisur zu Schau stellt und davon ausgeht, die komplette Frauenwelt liege ihm zu Füßen? Hmmm? Sorry, falsches Buch. Hier kann jeder Mann eine Barbie sein. Denn der hiesige Barbie-Mann ist nicht (einfach nur) rosa und sexy, sondern zugleich auch schmalbrüstig oder dickbäuchig (oder beides) und vor allem eins: verdammt lässig und noch dazu mit einer gesunden Portion schrägem Humor ausgestattet. Sich zum Affen machen? Kein Problem, immer gerne! Denn im Über-sich-selbst-Lachen ist er besonders gut. Ohne mit den langen Wimpern zu zucken, bringt der Barbie-Mann es also fertig, im rosa Cocktailkleidchen samt Preisschild aufzulaufen. Seiner Coolness tut dies keinen Abbruch, ganz im Gegenteil.

Wie Ken ist er selbstbewusst, stolz und überzeugt von sich – nur eben auf sehr angenehme Art. Und sein Humor lässt alle Frauenherzen mindestens genauso hoch schlagen.

MAN NEHME:

- 1 Prinzessinnen-Outfit (Kleid, Rock & Shirt, möglichst rosa) von einer Freundin/Schwester, darf gerne auch etwas knapp sitzen
- 1 Sonnenbrille – am besten rosa oder weiß
- Accessoires wie Haarspangen, Kettchen, Ohrringe – je glitzernder, desto besser
- Blondierung/blonde Langhaarperücke
- ganz viel Pappe – nach Möglichkeit rosa, ansonsten weiße Pappe rosa bemalen
- 1 Mattel- und Barbie-Logo – aus dem Internet ausdrucken oder nachbasteln
- 1 Preisschild 19,95 € – selbst gebastelt oder echt
- Mascara
- pinken Lippenstift
- blauen Lidschatten
- Rouge
- Kleber
- Schere

UND DANN?

Meinst du es wirklich ernst? Dann besorg dir eine Blondierung, und mach eine echte Barbie aus dir. Wer nicht ganz so mutig ist oder zu kurze Haare hat, leiht sich eine Perücke im Freundeskreis oder ist eben eine topmoderne Kurzhaar-Barbie. Frisch erblondet bzw. langhaarig, kannst du dich danach getrost deiner restlichen äußeren Hülle widmen.

Logo
MATTEL
Perücke
Sonnenbrille
Barbie
Preisschild
19,95€

Dazu schneidest und klebst du die Pappe zu einem unten offenen Kasten, der dir vom Kopf bis ca. zu den Knien reicht. Er sollte so tief sein, dass du genügend Beinfreiheit darin hast, und darf nicht allzu viel wiegen, schließlich trägst du die Pappe den ganzen Tag auf deinem Schädel. An eine der oberen Kartonecken klebst du vorn gut sichtbar das Mattel-Logo. Den Barbie-Schriftzug und das Preisschild bringst du unten auf der gegenüberliegenden Seite an. Nun schlüpfst du in dein Prinzessinnen-Outfit, bringst all deine zuckersüßen Accessoires hübsch zur Geltung, malst deine Augen und Lippen fachgerecht an (hierbei gerne dick auftragen) und stülpst dir zuletzt den Pappkarton über. Jetzt noch mal schnell Wimpernklimpern und Hinternwackeln üben, und schon kann es losgehen.

EFFEKTSTEIGERUNG

Gruppenkostüm Family & Friends. Mit Sporty-Barbie, Popstar-Barbie, Afro-Barbie, Rollstuhl-Barbie, Ken …

DAS MEINT DR. MASKERADE

FEIERTAUGLICHKEIT

★★★★★

Eigentlich haben Barbie & Konsorten recht wenig Spaß im Leben: Ständig müssen sie auf ihre Figur achten. Sie können nie mal laut werden, nie das essen und trinken, wonach ihnen ist – kurz: Sie müssen sich immer topseriös verhalten. Aber drauf geschissen. Schließlich bist du nicht Barbie-Ken, sondern Barbie-Mann. Also mach was draus! Tanz, bis dein Prinzessinnen-Outfit keins mehr ist, schüttle dein erblondetes Haar, und lass dich zur Not auch mal aufreißen – die Pappschachtel nervt auf Dauer sowieso.

FLIRTFAKTOR

★★★★★

Deine Voraussetzungen auf dem Flirtparkett sind denkbar gut. Vor allem, wenn du ganz Barbie-like deine Klappe einfach mal zulässt. Du kannst dafür all deine Reize einsetzen, davon hast du heute ja mehr als genug: Denk nur mal an dein heißes Outfit, deine tollen Haare oder dein billiges Preisschild … was sind schon 19,95 Euro?

ERLEBNISFAKTOR

★★★★★

Du wirst die Welt mit völlig neuen Augen sehen – und das hat nicht ausschließlich mit deinem Kleidchen zu tun. Zudem werden sich äußerst spannende Dinge abspielen: Was werden die anderen Girls sagen, wenn du dich zwischen sie in der Schlange zum Damenklo einreihst? Werden sie dein Outfit zu freizügig, vielleicht sogar anzüglich finden? Wie gefallen ihnen deine glitzernden Blingblings? Wird dir die eine oder andere ihren Lippenstift ausleihen oder gar die Schnute nachziehen?

Plötzlich Prinzessor

Come on Barbie, let's go party!

Ken

Tentakel-Spektakel: Die Qualle

WER BIN ICH?

Zugegeben, Quallen sind allgemein nicht besonders beliebt und werden entsprechend nicht gerade häufig zu Partys eingeladen. Dieser hier sieht man allerdings schon von Weitem an, dass sie keine von diesen feurigen Übeltätern ist, die darauf aus sind, den Menschen zu schaden. Gift versprühen oder Leuten anderweitig Schmerzen zu verursachen liegt ihr total fern. Unsere Qualle ist äußerst friedfertig und gutmütig – quasi der Gandhi unter den Nesseltieren.

Da sie sehr gesellig ist, darf man ihr ruhig zu nahe kommen. Gern taucht sie in Gruppen auf und bleibt selbst auf einer Party, auf der sie niemanden kennt, nicht lang allein, weil sie gleich auf den ersten Blick so lieb und sympathisch wirkt. Man sollte sie jedoch nicht allzu sehr ins Herz schließen, denn lange hält sie es nie an einem Fleck aus. Spätestens nach einer Viertelstunde wird sie fortgetrieben. Dem betörenden Gesang einer Bühnen-Sirene, Neptuns verführerisch funkelnder Harpune oder dem Blue Curaçao einer Meerjungfrau kann sie einfach nicht widerstehen. Doch das darf man einer Qualle nicht übel nehmen – schließlich ist sie an Land nur zu

Besuch, also völlig zu Recht ziemlich neugierig. Sie wabert mal hier vorbei, staunt mal dort herum und verzaubert die Menschen mit ihrem Charme und ihren großen, vertrauenswürdigen Augen.

MAN NEHME:

- → 1 großen Regenschirm (idealerweise durchsichtig oder wenigstens hell)
- → 1 Rolle weißes Klopapier oder 1 altes weißes Betttuch
- → quallenfarbige Kleidung (grau + leuchtend blau / lila / rot / gelb)
- → farbiges Papier
- → Klebefilm
- → Kleber
- → Schere

UND DANN?

Schneide zwei ovale Äuglein aus dem Papier aus, und klebe sie auf den aufgespannten Schirm. Dann schneide dir aus Betttuch oder Klopapier lange Tentakeln zurecht, die vom von dir gehaltenen Schirm bis auf den Boden reichen, und klebe sie mit Tesa an der Schirminnenseite fest. Schlüpf in deine quallenfarbigen Klamotten, und qualle los (dazu während des Gehens den Schirm auf- und zumachen).

EFFEKTSTEIGERUNG

Sich mit schleimiger Gelatine einschmieren. Bei Gruppen: zusätzlich Quallentanz-Choreografie aufführen.

DAS MEINT DR. MASKERADE

FEIERTAUGLICHKEIT

Dank des Regenschirms hast du leider nur einen freien Arm. Noch dazu wird der andere vermutlich im Laufe des Abends lahm, es sei denn, du schaffst es, den Schirm auf der Nasenspitze, unter der Achsel oder sonst wie zu balancieren. Egal. Dafür läuft mit dem Rest deines Kostüms alles easy – und für die meisten Aktivitäten reicht ein Arm ja wohl aus.

FLIRTFAKTOR

Wenn du sehr schüchtern bist, dann klebe so viele Tentakel wie möglich an deinen Schirm und verschanze dich bei Bedarf dahinter. Draufgänger lassen den Tentakel-Wald eher licht und ihr Gesicht somit frei. Jeder kann mit dem anderen Geschlecht also ganz nach seiner Fasson in Kontakt treten.

ERLEBNISFAKTOR

★★★★★

Mit diesem Kostüm sind extrem gute Tanzeinlagen möglich – Mary Poppins und Gene Kelley lassen grüßen. (Denkt als Gruppe unbedingt daran, eine Choreografie aufzuführen!) Außerdem hast du die Möglichkeit, dich hinter deinen Tentakeln zu verstecken und dadurch unerkannt zu bleiben. Schamloses Verhalten ist also höchst angebracht. Und sollte im Laufe der Feier das Klopapier ausgehen, steckst du im begehrtesten Kostüm überhaupt!

Es wird lange Zeit dauern,
bis wir aus Schleim und Protoplasma
ein neues Tier hervorgehen sehen.

Charles Darwin

Elefantös: Die Gießkanne

WER BIN ICH?

Die Gießkanne ist ein stolzer Zeitgenosse. Breitbeinig und entsprechend selbstbewusst streunt sie durch ihr Revier, ist dabei jedoch stets witzig und höchst sympathisch; sie ist ein dynamischer Draufgänger der angenehmen Sorte. Mit ihr gibt es keine halben Sachen – wenn sie dir den Pelz wäscht, dann macht sie dich auch nass. Was die Gießkanne sagt und zeigt, meint sie absolut ehrlich – ihr Herz trägt sie sozusagen auf der Zunge bzw. das Draufgängertum offen zur Schau. Da weiß jeder genau, woran er ist. Ihr Revier markiert die Gießkanne oft und gerne. Mal durch regentanzähnliche Bewegungen, mal durch unkontrolliertes Wasserlassen. Wer sich daran nicht stört, für den ist dieser sympathische Nassmacher die perfekte feucht-fröhliche Abendbegleitung.

Für Männer ohne Klaustrophobie

Egal, ob man zu Karneval alleine in diese Rolle schlüpft oder als Gruppenkostüm an Junggesellenabschieden damit auftritt – die Gießkanne sorgt in jedem Fall für gute Laune und Furore und lädt zum Kennenlernen ein. Wer in der Gießkanne steckt, sollte also möglichst nicht allzu schamhaft und menschenscheu sein. Schlagfertigen Menschen hingegen, die allzeit ein paar gute Sprüche auf Lager haben, wird dieses Kostüm garantiert einen höchst spaßigen Abend bescheren!

MAN NEHME:

→ 1 Plastikgießkanne mit mindestens 5 Liter Fassungsvermögen (je nach Kopfumfang)
→ Messer oder Schere (möglichst scharf)
→ 1 Hose mit Reißverschluss
→ 1 Sicherheitsnadel
→ Packband

UND DANN?

Mit einem scharfen Messer oder einer Schere schneidest du den Boden aus der Plastikgießkanne heraus.

Um den Ausguss herum säbelst du ein ca. gesichtsgroßes Loch. Dann nimmst du den Ausgießer vorsichtig ab und machst die scharfen Kanten mit Packband unschädlich. Bist du bereit? Dein Kostüm ist es auf jeden Fall! Steck den Ausgießer vorne in deine Hose, sodass der lange Teil aus deinem Hosenstall herausguckt; diesen schließt du, so weit es geht, und steckst ihn mit einer Sicherheitsnadel fest, damit er nicht ständig wieder aufgeht.

Nun musst du lediglich deinen Kopf in den unteren Teil der Gießkanne stecken – dein Gesicht sollte dort sein, wo vorher noch der Ausgießer war, je gequetschter, desto besser.

EFFEKTSTEIGERUNG

Wasserbomben werfen.

DAS MEINT DR. MASKERADE

FEIERTAUGLICHKEIT

★★★★★

Die Gießkanne eignet sich ganz hervorragend für Fans des »Kleinen Feiglings« und anderer Minilikörchen, von Flachmännern und Schnapsgläschen – deine von deinem Kopfschmuck leicht gequetschten Bäckchen haben die perfekte Passform. Zudem bietet dein Helm einen prima Schutz gegen fliegende Korken und zu laute Bässe. Und du kannst es dir darunter so muckelig warm machen, wie du möchtest. Perfekt für den oftmals saukalten Straßenkarneval.

FLIRTFAKTOR

★★★★★

Die Geister werden sich an deinem Phallus scheiden. Trägst du das Kostüm als Mann, können schlecht gelaunte Feministinnen schon mal böse gucken. Wie wäre es in diesem Fall mit der entwaffnenden

Erklärung: »Na und? Ich bin hier der Gärtner!« Bei allen anderen, oder wenn du als Frau in der Gießkanne steckst, kannst du es mit »Na, neidisch?«, »Soll ich dir mal das Wasser reichen?« oder »Ein bisschen Wasser zwischen dem ganzen Alkohol?« probieren.

Eines ist garantiert: Keine/r wird an deiner Hosenstall-Skulptur vorbeikommen. Und jede/r weiß auf den ersten Blick, worauf sie/er sich da einlässt.

ERLEBNISFAKTOR

Dein Hüftschmuck ist so heiß wie ein Vulkan. Alle gucken! Damit zu tanzen ist ein Riesenspaß! Und stellt euch vor, mit welch geballter Potenz ihr damit als Gruppe durch die Stadt marschiert! Oder wie ihr im Kreis gemeinsam den Regentanz vollführt! Ihr packt euch an den Händen und wiegt euch vor und zurück und vor und zurück

Ach, wenn das Wasser am Bein goldener Wein wär.

Frei nach Willy Schneider

Mach dich zur: Schnecke

WER BIN ICH?

Die Schnecke ist ein verschüchtertes kleines Ding. In die Öffentlichkeit traut sie sich nur, weil sie jederzeit in ihrem sicheren Häuschen verschwinden kann, wenn sie sich bedroht fühlt. Und das passiert schnell: Ein kecker Blick des anderen Geschlechts, eine forsche Frage des Gesprächspartners oder ein bisschen Lärm genügen, und schwupp! ist von der Schnecke nur noch die steinerne Festung übrig. Ach je, und schreckhaft ist ihr Gemüt selbstverständlich auch. Unvermittelt auftauchende Geräusche und Bewegungen sind kaum auszuhalten für das zarte Geschöpf.

Am liebsten schleicht die Schnecke in kuschligen Lounges umher und erfreut sich dort an ruhigen, tiefschürfenden Gesprächen, sanften musikalischen Klängen und saftigem Vegetarieressen. In solch einer Umgebung blüht sie regelrecht auf und mausert sich zu einem redseligen und fröhlichen Wesen. Richtig zutraulich kann sie werden, und ehe man sich's versieht, ist sie einem auf den Schoß gerobbt. Dort fühlt sie sich dann so richtig geborgen – und dann muss man aufpassen, dass man nicht von oben bis unten von ihr vollgeschleimt wird.

MAN NEHME:

- gräulich-beige Klamotten
- 1 Schlafsack (möglichst braun)
- 1 Paar Hosenträger, 2 Gürtel o. ä. zum Festschnallen des Schlafsacks an deinem Rücken
- ca. 2 m stabilen Draht
- 1 Paar dunkle Strumpfhosen
- 1 Haarreif
- Frischhaltefolie
- Schere
- spitzes Messer
- Flüssigkleber
- durchsichtiges Packband

Für Mimöschen

UND DANN?

Schmeiß dich in die gräulich-beige Kleidung. Roll den Schlafsack hübsch ordentlich zum Schneckengehäuse zusammen, und schnall ihn dir auf den Rücken, indem du ihn z. B. unter die Hosenträger klemmst. Halbiere den Draht, und falte beide Hälften so lange zusammen, bis sie auf Fühlerlänge geschrumpft sind, dann wickle jeweils das eine Bein der Strumpfhose drumherum, und beklebe das Ganze mit dem durchsichtigen Packband. Forme aus Frischhaltefolie zwei Bälle, die du oben auf die Drahtenden steckst und dann mit Packband fixierst. Befestige beide Drähte am Haarreif, diesen setzt du auf und musst dann nur noch laaaaaangsam loskriechen.

EFFEKTSTEIGERUNG

Schleimspur aus Gelatine hinter dir herziehen.

DAS MEINT DR. MASKERADE

FEIERTAUGLICHKEIT

Mit enthemmten, ans Asoziale grenzenden Feiern, bei denen die Musik dröhnt und die Gäste aufdringlich sind, braucht man dir nicht zu kommen. Dafür umso mehr mit gemütlichen kleinen Get-togethers mit wenigen Fremden! Dank des Schlafsacks kannst du spontan über Nacht bleiben, wenn du es mit Getränken und Kräuterzigaretten übertrieben hast.

FLIRTFAKTOR

Du bist süß und schüchtern, das weckt Beschützerinstinkte. Darum wird es nicht lange dauern, bis sich die ersten Verehrer nähern. Nach anfänglicher Zaghaftigkeit, und wenn man dir genügend Zeit zugesteht, bist du sogar zu so gewagten Aktionen wie einem vorsichtigen Engtanz aufgelegt. Und gaaanz vielleicht ist dein Gegenüber so begehrenswert und vertrauenerweckend, dass du deine Spezialität ausleben kannst: leckere Schlotze-Sauge-Bussis! Mjam.

ERLEBNISFAKTOR

★★★★★

Man erlebt so viel mehr von der Welt, wenn man nicht hastet, sondern vornehmlich schneckenmäßig rastet. Vor allem auf Partys ist das eine völlig neue Erfahrung! All die winzigen Details, die einem sonst entgehen: der Arschgeweih-Blitzer bei Oberstudienrätin Raschke, das unverhoffte Sixpack von Streber Karl aus der IT, das gemeinsame Verschwinden in die Garderobe von Tom und Frau Schmirgelbeer. Und wie lecker erst Essen und Getränke schmecken, wenn man sie langsam und genüsslich zu sich nimmt.

Gut Ding will Weile haben.

Redensart

It’s magic: Die Voodoopuppe

WER BIN ICH?

Gruselig, erschreckend langsam und mit leerem Blick schreitet die Voodoopuppe über die Bühne des Geschehens. Ihr versehrter Körper lässt sie ein wenig wackeln und humpeln, und dennoch wirkt die Puppe kein bisschen schwach oder kümmerlich. Im Gegenteil: Von ihr geht eine seltsame Kraft aus, mit der sie alle in ihren Bann zieht. Oh, du dunkle und geheimnisvolle Magie … Alle Gäste sind voller Ehrfurcht und halten vorsichtig Abstand – was die Voodoopuppe durchaus für eine angemessene Reaktion hält. Sie weiß um ihre Macht und hat keine Skrupel, sie zu ihrem Vorteil einzusetzen. Wer ihr in die Quere kommt, muss Schmerzen fürchten. Weiße Magie? Dafür hat die Voodoopuppe nicht mal ein müdes Lächeln übrig.

Zu ihren Freunden zählt sie deshalb nur zwielichtige Gestalten der Halbwelt, wie Vampire, Fledermäuse, Hexen oder Teufel. Mit diesen Schattenwesen schlägt sie sich nur zu gern die Nacht um die Ohren. Sobald sie auf ihresgleichen trifft, verhält sie sich wild und zügellos, zieht sich die fiesesten Getränke rein und dann mit den Kumpanen grölend um die Häuser; nichts und niemand ist vor diesem Gruselkabinett sicher. Der bullige Türsteher wird kurzerhand in einen alten Tattergreis verwandelt, der lästige Nebenbuhler leidet plötzlich an garstigem Schweiß- und Mundgeruch, und ganz besondere Vorsicht ist am DJ-Pult geboten: Wenn der Voodoopuppe danach ist, quält sie die Tanzmeute mit Rammstein, Marilyn Manson und Unheilig

Hex, hex!

MAN NEHME:

→ enge weiße Kleidung
→ 5–10 Schaschlikspieße aus Holz
→ so viele rote Kaugummis wie Schaschlikspieße
→ schwarzen Textilmarker/Edding
→ weiße Gesichtsschminke
→ schwarzen Kajal

UND DANN?

Zeichne mit dem Edding die ungefähre Lage deiner Organe auf die Kleidungsstücke. Kau auf jedem Kaugummi ein Weilchen herum und forme dann kleine Kügelchen, die du auf die Schaschlikspieße steckst. Wirf dich in dein weißes Voodoo-Outfit, und steck die Spieße (mit dem Gummikopf nach außen) an prägnanten Stellen durch deine Kleidung, sodass möglichst die Köpfe ein wenig abstehen. Dein Puppengesicht schminkst du weiß, malst zwei schwarze Kreuze über die Augen und ein paar kleine schwarze Kreuze über deine Lippen – so, als ob Augen und Mund nur aufgestickt wären.

EFFEKTSTEIGERUNG

Partygästen Schaschlikspieße aushändigen und eine Voodoosession durchführen.

DAS MEINT DR. MASKERADE

FEIERTAUGLICHKEIT

Mit deinen düsteren Kumpels kannst du tüchtig auf den Putz hauen. Ansonsten stehst du höchstwahrscheinlich ziemlich alleine auf der Party da, weil sich niemand in deine Nähe wagt. Schließlich bist du brandgefährlich. Also organisiere dir rechtzeitig fiese Gesellschaft!

FLIRTFAKTOR

Mit Prinzessinnen, Elfen, Marienkäfern oder Tanzmariechen hast du's dir womöglich schon verscherzt, während du diese Zeilen liest. Aber was haben die auch auf einer ordentlichen Halloweenparty zu suchen? Die Nacht hat ganz bestimmt genügend Spinnen, Geister, Zauberer und Frankensteins zu bieten, die sich liebend gerne mit dir einlassen …

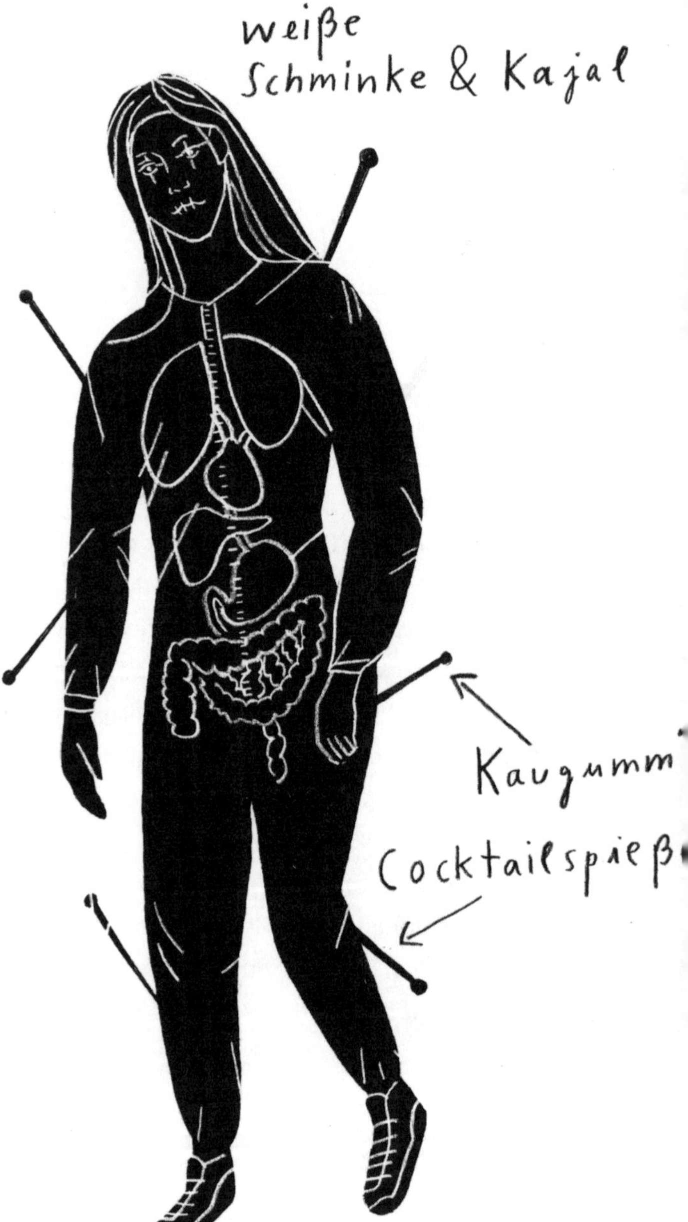
weiße
Schminke & Kajal
Kaugummi
Cocktailspieße

ERLEBNISFAKTOR

★★★★★

Das soll dir erst mal jemand nachmachen: Du hast die Macht – selbst über Nichtanwesende. Wer dich sieht, wirft dir eine Mischung aus respekt- und angstvollen Blicken zu! Der Barkeeper zittert vor Eifer. Wann wird sich jemand in deine Nähe trauen und um die Malträtierung seines Erzfeinds bitten? Welche der anwesenden Gestalten wird es sein? Egal! In jedem Fall wirst du schaurige Geschichten hören: Wieso? Weshalb? Warum? Wenn dir der Bittsteller sympathisch und das Opfer egal genug ist, warum nicht gemeinsam hinabsteigen in das finstere Reich der Magie?

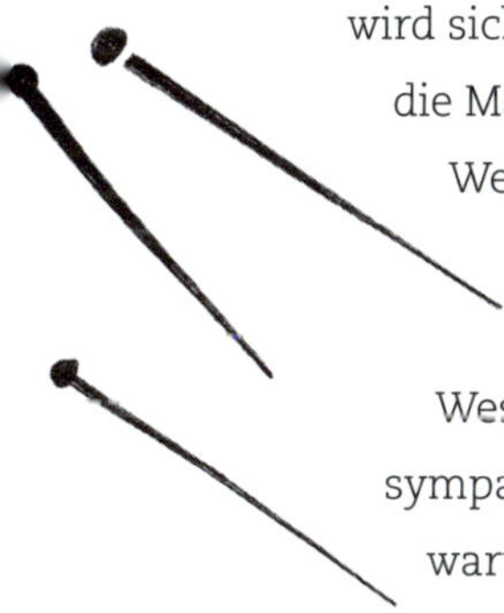

Was du nicht willst,
dass man dir tut,
das tue anderen,
das tut gut!

Finstere Redensart

Lösch my fire: Der Feuerwehrmann

WER BIN ICH?

Ruhe zum Feiern hat er ja eigentlich nicht, der Feuerwehrmann. Rastlos tigert er umher, überprüft so manch ein Stöffchen auf Feuerfestigkeit und sieht auch in den Ecken nach dem Rechten – der Gefahr stets auf der Spur. Schließlich ist der Feuerwehrmann der Held unserer Tage und immer im Einsatz, wenn jemand seiner Hilfe bedarf. Gut, dabei geht er manchmal etwas zu weit. Mit seinen Vorsichtsmaßnahmen, die er einem stets ans Herz legt, nervt er manchmal, und es soll sogar schon vorgekommen sein, dass er harmlose Teelichter einfach ratzfatz eingeschäumt hat. Ungefragt natürlich.

Der Feuerwehrmann kann anderen zwar schon mal den Abend schwer machen, im Grunde ist er aber ein lieber Kerl. Umsichtig sorgt er dafür, dass die Gläser seiner Freunde stets gefüllt sind und die Frisuren sitzen. Höflich erklärt er betrunkenen Ingenieuren die Funktionsweise seines perfiden Feuerlöschers, und selbst auf einer dicht gepackten Tanzfläche ist er ein Vorbild an Rücksichtnahme.

Wenn wirklich mal Not am Mann ist, wird er zum wahren Helden: Die Feuerzangenbowle macht Ernst und fängt Feuer, die Küche muss wegen Überfüllung geräumt und die stinksauren Nachbarn beruhigt werden? Kein Problem! Auch wenn sich die vor aufdringlichen Gästen geflohene Miezekatze auf den Dachfirst verirrt oder der DJ sein Pult zum Einsturz gebracht hat, ist man mit dem Feuerwehrmann gut beraten.

MAN NEHME:

- 1 Regenjacke
- 1 Regenhose
- 1 Paar Gummistiefel
- festes Papier
- 1 schwarze Mülltüte
- Schaumfestiger (oder ein anderes schäumendes Kosmetikprodukt – Achtung: Es muss alkoholfrei sein, sonst bist du selbst der größte Risikofaktor auf der Party!)
- 2–3 leere Klopapierrollen
- rote (Wasser-)Farbe und Pinsel oder roter Edding
- Zeitungsblätter
- Tesafilm
- Kleber
- Schere
- Gummi (damit der Hut einigermaßen festsitzt)

Hütchen-Bastel-Anleitung

UND DANN?

Bastle aus dem festen Papier ein schnittiges Hütchen (siehe Anleitung). Schneide dann die Folie der Mülltüte so zurecht, dass du selbiges damit bekleben kannst. Fertig ist der Feuerwehrhelm. Jetzt fehlt nur noch dein Feuerlöscher. Hierzu malst du die leeren Klopapierrollen rot an und stülpst sie über den Schaumfestiger, sodass oben der Sprühkopf hervorlugt – eventuell musst du eine Klopapierrolle dafür kürzen.) Verklebe die Klopapierrollen untereinander sowie das Loch auf der Unterseite mit Tesafilm und kleide den Hohlraum zwischen Flasche und Papphülsen mit zusammengeknülltem Zeitungspapier so aus, dass alles gut hält. Regen-Outfit an, Hut auf, Flasche in die Jackentasche und ab geht's – nur noch kurz die Welt retten.

EFFEKTSTEIGERUNG

Sirene ertönen lassen (per Smartphone-Klingelton oder Mund) und anschließend mitgeführte Wunderkerzen löschen.

DAS MEINT DR. MASKERADE

FEIERTAUGLICHKEIT

★★☆☆☆

Von Haus aus bist du ja nicht gerade der Gechillteste. Unbeschwertes Feiern ist irgendwie nicht so dein Ding. Reiß dich zusammen, und denk dran, dass dem heute bis auf ein paar mögliche kleine Einsätze nichts im Wege steht. Also üben, üben, üben! Lass spätestens ab Mitternacht auch mal fünf gerade sein, okay?!

FLIRTFAKTOR

★★★☆☆

Sieh einfach zu, dass du dich in möglichst riskanten Party-Locations bewegst, damit du Frauenherzen mit deinem Löschwerkzeug und vollem Körpereinsatz imponieren kannst. Aber übertreib's nicht. Lass die Finger von Kerzen, Zigaretten und allem, was harmlos flackert – nur weil du Löschschaum dabeihast, musst du ihn ja nicht überall einsetzen. Das kommt nicht gut an. Notfalls musst du auch mal eine Gefahrensituation simulieren. Sei kreativ!

ERLEBNISFAKTOR

Auch hierbei kommt es ganz auf die Partykategorie an. Im renovierungsbedürftigen evangelischen Gemeindezentrum mit feierungeübten Gästen gilt es unter Umständen mehr Gefahrenzonen zu beseitigen, außer wenn Punks einen Luftschutzbunker auseinandernehmen. Und da, wo Gefahr lauert, da kannst du was erleben! Und die anderen erst …

Wo Rauch ist, ist auch Feuer.
Redensart

Burn, baby, burn

Drück mich, bis ich platze: Der Pickel*

MAN NEHME:

→ 1 Vanillepudding

→ 1 Teelöffel

→ 1 kleine Tupperdose

Du stehst nicht zu 100 % auf Kostümierungen, willst also möglichst im Normalo-Look feiern, aber dennoch kein Spaßverderber sein und spätestens bei Nachfrage ein Kostüm abliefern? Vielleicht möchtest du aber auch einen Abend lang exzessives Partyhopping betreiben und später unverkleidet weiterziehen? Als Pickel kannst du deine Partykollegen mal so richtig anekeln. Alles, was du dafür tun musst, ist Vanillepudding (aus dem Kühlregal oder selbst angerührt) in eine Tupperdose füllen und einen Teelöffel einpacken. Da der Fokus ausschließlich auf deinem Gesicht liegt, darfst du dich kleiden, wie immer du willst.

Für Hartgesottene

In Aktion schaufelst du dir dann eine Portion Pudding in den Mund und wartest auf den nächsten Besserwisser, der nach einem Kostüm verlangt. Sobald er mit seinem Gemecker fertig ist, blähst du die Backen auf und presst den Pudding durch die gespitzten Lippen. Iiiiiiih!

EFFEKTSTEIGERUNG
Damit du schön entzündet aussiehst, male deine Mundpartie knallrot an.

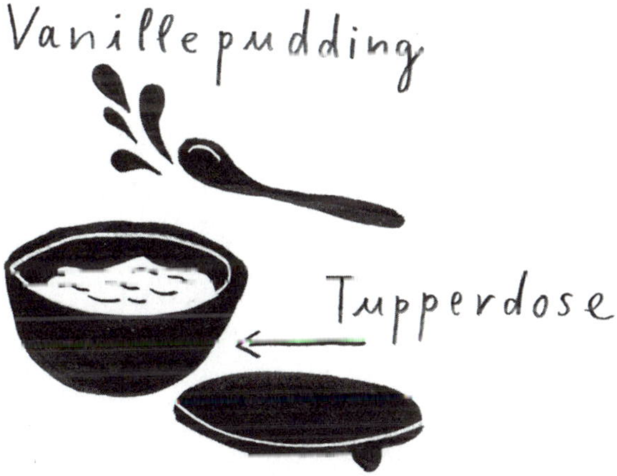

Stars und

Sternchen

Die berühmtesten Pilzköpfe der Welt: Die Beatles

WER BIN ICH?

Geschichtsbücher und Zeitzeugen wissen: Als Beatle sollte man ein möglichst idolhaftes Verhalten an den Tag legen und möglichst nichts tun, was andere tun würden. Ein Beatle sieht nicht aus wie jeder andere. Und genau deshalb steckt er in einem Zwiespalt: Bei seinen Fans heischt er ständig nach Bewunderung, Anerkennung und Aufmerksamkeit, versucht aber gleichzeitig, sich vor Boulevardfotografen zu verstecken. Mit seinem auffälligen und »verrückten« Look möchte er außerdem Subversion und Protest ausdrücken – auch noch in den Zweitausendern. Sein Instrument, die Frisur und das Outfit helfen ihm dabei. Kostümfeste und Karneval sind nicht unbedingt sein Fall, schließlich kann er dann wenig aus der Menge hervorstechen, weil jeder Zweite eine schlimme Frisur und einen auffälligen Look trägt; und im angetrunkenen Zustand fühlen sich einfach viel zu viele Menschen wie Rockstars.

Da der Beatle jedoch auf nichts mehr angewiesen ist als auf Fans und Fame, zieht es ihn hin und wieder auch zu solchen Anlässen vor die

Tür. Draußen lässt er dann allerdings noch mehr als sonst den Coolen raushängen und spricht auch nicht unbedingt mit jedem. Doch merke: Wem es gelingt, sich Zugang zu seinem Inneren zu verschaffen, wird einen verflucht guten Abend erleben. Wie man das anstellt? Na, diese Herren sprangen bekanntermaßen auf mehr als auf schicke Anzüge und passende Frisuren an. Kurz nachgedacht und ran an den Rockstar!

MAN NEHME:

→ 500 g frische Champignons, braun oder weiß
→ 1 Wollmütze
→ Nadel
→ Garn, Farbe egal
→ 1 Hemd
→ 1 Anzug
→ 1 Krawatte

UND DANN?

Trenne zunächst die Stiele von den Champignonköpfen (die kannst du sicher noch für die nächste Gemüsepfanne gebrauchen). Für den lockerflockigen Pilzkopf nähst du in einigermaßen gleichmäßigen Abständen die frischen Champignonköpfe auf die zurechtgelegte Wollmütze. Hast du kein Beatle-likes Outfit im Schrank? Dann frag doch mal im Freundeskreis/bei deinen Verwandten nach,

Champignons

ERDAY!
Polyesterhemd

irgendwer kann dir ganz sicher aushelfen. Wenn du den Anzug am Leib hast, musst du nur noch deine brandneue Pilzkopf-Mütze aufsetzen. Sammle die anderen Freaks ein, und schon kann es losgehen.

EFFEKTSTEIGERUNG

Gitarre umhängen und Yesterday trällern. Musikalisch Minderbegabte besorgen sich einen Trupp kreischender Girls und verteilen Autogrammkarten.

DAS MEINT DR. MASKERADE

FEIERTAUGLICHKEIT

★★★★★

Du wirst ständig von kreischenden Girls verfolgt, die, wenn es schlimm kommt, auch noch reihenweise ohnmächtig werden. Das ständige Autogrammegeben macht ebenfalls nicht immer Freude. Und trotz allem musst du als Beatle cool bleiben. Jaaa, das ruhmreiche Leben ist kein Zuckerschlecken. Trage es mit Fassung!

Auch für Glatzköpfe geeignet

FLIRTFAKTOR

★★★★★

Eins ist sicher: Jede/r steht auf Rockstars! Scheißegal, wie sehr du dich danebenbenimmst, wie peinlich deine Tanzbewegungen und wie schief dein Gesang ist, welche Getränke du einnimmst, wie sehr du lallst, wie hässlich, unfreundlich oder obercool du bist: Heute wird geflirtet! Punkt. Allein nach Hause gehen? Vergiss es!

ERLEBNISFAKTOR

★★★★★

Einmal im Leben auf der Bühne stehen, von einer johlenden Menge getragen werden, umschwärmt und umjubelt werden, in der dicksten Limousine durch die Stadt gefahren werden … Hallooooo! Wach auf! Es ist nur ein Kostüm. Trotzdem: Es lässt sich einiges daraus machen. Je mehr du dich in deine Verkleidung reinsteigerst, desto grandioser wird dein Abend! Rock'n'Roll!.

They Love You, Yeah, Yeah, Yeah …

Frei nach She Loves You von …
na, wem wohl?

Dein berühmtestes Lächeln:

Die Mona Lisa

WER BIN ICH?

Mona Lisa ist still, schüchtern, leicht vergilbt, weil uralt, dafür aber weltberühmt und kostbar. Die Italienerin hängt im Louvre, ist ca. 77 × 53 cm groß, und ihr irritierendes Lächeln ist quasi in einen güldenen Rahmen gemeißelt. Doch so alt, zart und kostbar sie auch wirkt, sie ist nicht kleinzukriegen: Vor einigen Jahren überstand die Mona Lisa zunächst eine mutwillige Säureattacke und dann einen bösartigen Steinanschlag.

So richtig schlau wird keiner aus ihr – sowohl ihre Augen als auch ihr Mund sind ziemlich geheimnisumwoben. Aber genau das macht die Dame erstens aus und zweitens so furchtbar interessant. Da heißt es durchhalten, weiterhin schön die Lippen zusammenpressen, die Hände brav im Schoß lassen und den Blick möglichst reglos. So schwer kann am Nagel hängen und sich von möglichst vielen Menschen bewundern lassen ja nicht sein. Zwar haben es viele bereits erfolglos versucht, aber kopieren kann sie einfach nichts und niemand. Oder …?

MAN NEHME:

- lange Haare (ggf. Perücke)
- Kernseife
- Handtuch
- 1 braunes Oberteil oder Gewand mit weitem Ausschnitt (notfalls zur Schere greifen)
- 1 braune oder graue Jacke/Hemd o.ä.
- Gel
- Pappe
- Make-up
- Kleber
- Schere

UND DANN?

Wasche deine Haare mit der Kernseife und rubbele sie mit dem Handtuch kräftig trocken. Sind sie nun filzig genug? Sehr schön – so soll es sein! Dann zieh einen schnurgeraden Mittelscheitel und verteile eine ordentliche Ladung Gel im oberen Haaransatz, sodass dieser schön platt anliegt und leicht fettig wirkt. Jetzt fehlt nur noch eine uralt und ungesund aussehende Gesichtshaut. Dazu schmierst du dir eine dicke Schicht Make-up auf selbige (möglichst helle Farbe), runzelst ein paarmal deine Haut, trägst eine weitere dicke Schicht auf, runzelst wieder deine Gesichtszüge usw. So lange, bis du mit deiner Mona-Lisa-typischen rissigen, weil ca. 500 Jahre alten Haut zufrieden bist. Schlüpfe dann in dein Outfit, welches du ggf. zuvor mit einem ordentlichen Ausschnitt präpariert hast, und nun fühle dich schon mal in deine neue Rolle als berühmtestes Gemälde der Welt ein. Mit zusammengepressten Lippen schneidest und klebst du einen passenden Bilderrahmen in der Größe 77 × 53 cm zurecht. Jetzt schnell noch die passende Haltung üben, am besten vor dem Spiegel: gerade Schultern, Blick nach links, Hände in den Schoß, gelangweilt-mysteriösen Blick aufsetzen und linken Mundwinkel ca. 3 mm höher ziehen als den rechten. Los geht's.

EFFEKTSTEIGERUNG

Leonardo da Vinci mitführen. Mit langen Haaren, wallendem Bart (falls nicht vorhanden: Watte benutzen), kauziger Künstlermütze und Staffelei. Darauf zu sehen: sein berühmtestes Bild – die Mona Lisa.

DAS MEINT DR. MASKERADE

FEIERTAUGLICHKEIT

★★★★★

Was würdest du denken, wenn eines Abends plötzlich Mona Lisa zu dir sprechen würde? Na also: Dein Mund bleibt schön geschlossen und wird höchstens zur Getränkeaufnahme benutzt. Dass die Party so nicht gerade zum Highlight des Jahres werden kann,

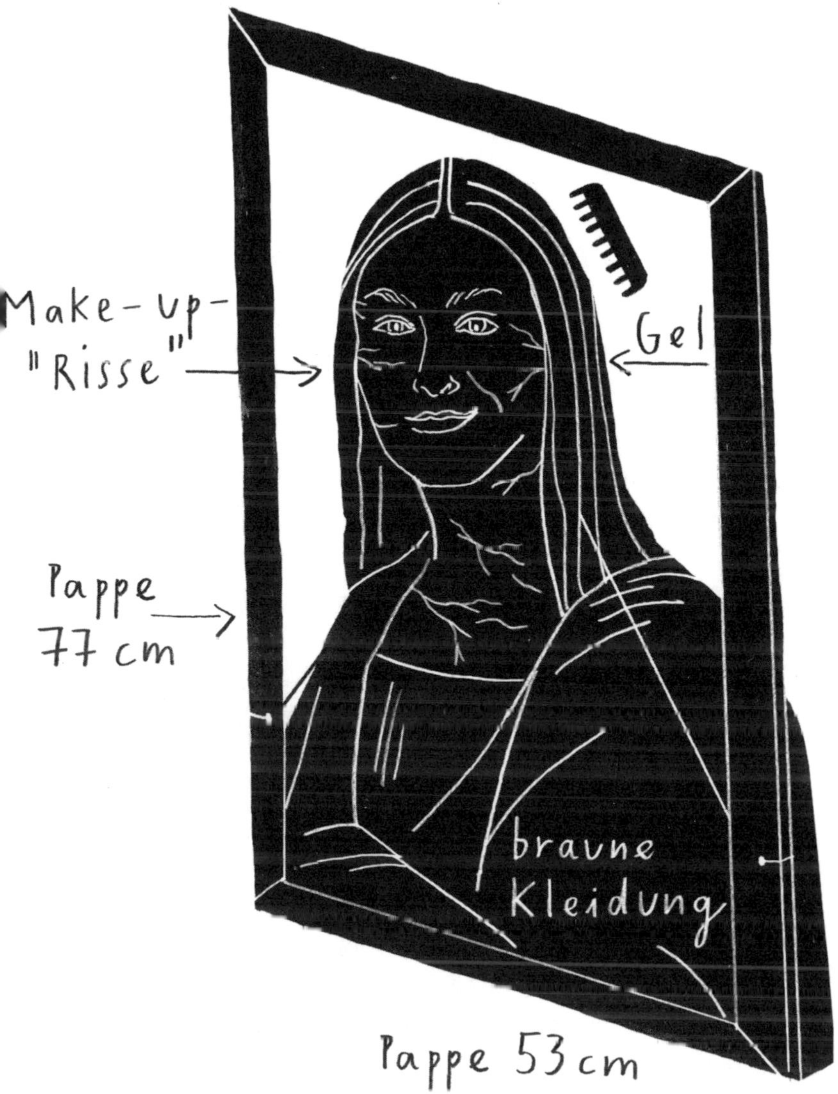

Make-up-
"Risse"
Gel
Pappe
77 cm
braune
Kleidung
Pappe 53 cm

liegt auf der Hand. Aber irgendwer muss sich ja auch um Kunst und Kultur kümmern, während sich all die Pappnasen ordentlich zuschütten und amüsieren. Dafür besitzt du am nächsten Tag noch deine Würde.

FLIRTFAKTOR

★★★★★

Wenn es jemand gewohnt ist, mit Fremden Blickkontakt zu halten, dann ja wohl du, schließlich machst du das im Museum tagein, tagaus. Entsprechend gut bist du darin, vielversprechende Flirts zu beginnen. Nur sind Bilder leider nicht in gleichem Maße gesprächig, weshalb dir der Partytalk nicht eben leichtfällt. Stattdessen nutzt du eben die Macht deines Silberblicks.

ERLEBNISFAKTOR

★★★★★

Wer bei mieser Feiertauglichkeit und mittelmäßiger Bützchen-Rate den Erlebnisfaktor auch gleich mit abschreibt, ist ziemlich schiefgewickelt. Denn einer Mona Lisa kann – neben der großartigen Erfahrung, von allen angestarrt zu werden – auf Partys so einiges passieren: Sie kann heimlich gestohlen oder nach ihren Geheimnissen ausgefragt werden, und in seltenen Fällen tut sich gar jemand hervor, der sie für eine Fälschung hält und genauer überprüfen will …

Kunst hautnah erleben

Ist das Kunst, oder kann das weg?

Gemeine Redensart

You are the champion: Freddie Mercury

WER BIN ICH?

Wie ein prächtiger Pfau stolziert Freddie zwischen den Feiernden umher und zieht alle Blicke auf sich. Seinen lasziven Bewegungen und seinem außergewöhnlichen Charisma kann sich kaum einer entziehen. (Na ja, vielleicht verklemmte Heterosexuelle, die Angst haben, vom bloßen Anschauen schwul zu werden.) Wie eine echte Queen schlürft er den ganzen Abend über den teuersten Champagner und angelt nur die erlesensten Kostbarkeiten vom Büfett. Mit Zeigefinger und Daumen, versteht sich. Aus dem Nichts ertönt außerdem manchmal eine kräftige Gesangsfanfare – wenn dem Herrn nämlich ein Song gut gefällt, dann kann er nicht an sich halten.

Richtig kapriziös wird es aber auf der Tanzfläche. Da rekelt er sich auf dem Parkett, springt auf die Bühne (oder das, was er dafür hält), streckt die Arme in die Höhe, leckt das Mikrofon und vollführt eine Pirouette nach der anderen. Kurz: Er benimmt sich wie ein wildes, ungebändigtes Tier. Mehr Rausch braucht Freddie M. (fast) nicht.

Kommt man vor oder nach seinen bekloppten fünf Minuten jedoch mit ihm ins Plaudern, verhält sich Freddie sehr viel weniger exzentrisch als erwartet. Richtig nett und zugänglich ist er und sogar mit einem sympathischen Hauch von Selbstironie ausgestattet. Macht man ihm Komplimente wie »steiler Zahn«, lacht er lauthals und gibt seine Kauleiste zum Besten.

MAN NEHME:

→ 1 eng anliegende (möglichst weiße) Röhrenhose

→ 1 eng anliegendes weißes Achselshirt mit weitem Ausschnitt, gerne auch bauchfrei oder aus Netzstoff

→ 1 bizeps-breites Stück Zierkordel

→ 1 paar Packungen große, weiße Kaugummis

→ ggf. dunkelbraune Haartönung

Für Männer mit dunkler Körperbehaarung

UND DANN?

Lass dir einen 70er-Jahre-Porno-Schnauzbart wachsen (wenn du dich deiner Umwelt nicht zu lange entfremden willst, lässt du dir einen Vollbart wachsen und rasierst dich zur Feier entsprechend in Form). Guck dir die Freddie-Frisur im Internet an, und mach ggf. von Schere und Tönung Gebrauch. Schlüpfe in deine hautengen Klamotten, und lass deine hoffentlich zahlreichen Körperhaare einen Freudentanz an der Luft vollführen. Nutze die Kordel als straffes Zierband für deinen Bizeps. Zu guter Letzt heißt es: Kaugummi weichkauen und an der oberen

Kauleiste möglichst dick geschichtet anbringen. Für den waschechten Freddie-Überbiss sollten deine »Zähne« jederzeit gut sichtbar sein, also Mund möglichst offen halten. Fehlt nur noch 'ne Packung Ersatzkaugummis für deine Hosentasche. Break free!

EFFEKTSTEIGERUNG

Mikrofonständer ohne Füße (schwarz angemalter Stock oder Besenstiel) mitnehmen und in deine Tanz-Performance einbauen – als Tambourstock, Luftgitarre usw.

DAS MEINT DR. MASKERADE

FEIERTAUGLICHKEIT

★★★★★

So sexy und geschmeidig kannst du jede Party rocken. Weingott Dionysos jedenfalls ist mit dir. Pass bloß ein bisschen auf, dass dein Kaugummi-Überbiss nicht in den Champagner fällt, das könnte deinen Look ruinieren und für Magenprobleme sorgen. Ansonsten hast du alle Bein- und Bewegungsfreiheiten.

Kaugummi für Überbiss
Haare (ggf. aufmalen)
chselshirt

FLIRTFAKTOR

★★★★★

Faszination und Bewunderung sind dir sicher – möglicherweise trifft es allerdings das falsche Geschlecht. Aber vielleicht möchtest du heute ja mal eine klitzekleine Ausnahme machen, hm?

ERLEBNISFAKTOR

★★★★★

Heute ist alles drin. Wird dein Kreislauf bei den heftigen Tanzeinlagen mitspielen? Wirst du die Champagnerflöte danach noch stilvoll halten können? Wird dein Überbiss das Küssen überstehen? Oder bringt er dein Gegenüber zum Ersticken? Und wie spuckefrei kannst du mit Überbiss überhaupt reden? Ab und an solltest du dich in jedem Fall auf den Boden knien und abwechselnd feste auf den Boden und in die Hände klatschen. Partygemeinde zum Mitmachen anstiften nicht vergessen! Du bist schließlich Künstler!

It's a kind of magic.

Queen

Ungeheuerlich:
Die Medusa Mortalis

WER BIN ICH?

Die Medusa Mortalis ist die Königin im Kostümreich. Leicht überheblich schreitet sie erhobenen Hauptes durch die Partymasse und beäugt sämtliche Gäste erst einmal mit ihrem durchdringenden, kritischen Blick. Dabei nimmt sie selbstverständlich nur ausgewählte Getränke zu sich – mit ordinärem Bier oder Wasser gibt sie sich nicht ab. Es muss schon mindestens prickeln oder fröhlich bunt sein. Doch Vorsicht! Ihre Überlegenheit kommt nicht von ungefähr: Als Kind von Göttern ist die Medusa nicht nur per se schon etwas ganz Besonderes, sondern sie besitzt zudem die wahnsinnig praktische Fähigkeit, jeden, der sie anblickt, zu Stein erstarren zu lassen. Was auch immer sie vorhat – ihr entkommt einfach niemand! Langweilig wird es in diesem Kostüm also sicher nicht. Jedenfalls nicht für den, der drinsteckt. Und mit ihrem bodenlangen Gewand und ihrem Putzbändelkopfschmuck besitzt die

Besonders betörend

Wischmopp
ggf. Drah
Mütze

Medusa auch durchaus Fähigkeiten, die dem Wohle der Allgemeinheit dienen: Beim Pfützenwegwischen beispielsweise macht ihr niemand etwas vor!

MAN NEHME:

- → 1 Wischmopp
- → 1 ausrangierte Mütze
- → Nadel und Faden
- → Draht (evtl.)
- → Alufolie
- → 1 weißes Betttuch
- → Band (z. B. Lederschnur, Schnürsenkel, Geschenkband)
- → Schere

UND DANN?

Schneide die Putzbändel vom Wischmoppstiel ab, die so gewonnenen grauen »Schlangen« nähst du nun an die ausrangierte Mütze, sodass sie wirr in alle Richtungen abstehen. Wenn du willst, kannst du zusätzlich Draht drumwickeln, damit deine Frisur besser sitzt, äh, steht. Schneide ein kopfgroßes Loch in das weiße Betttuch, um hineinzuschlüpfen, oder arrangiere es kunstvoll und römisch-griechisch um deinen Körper. Jetzt fehlt nur noch dein Amulett: Dazu reißt du einfach ein paar Stücke Alufolie ab, knetest sie zu Kugeln und Röllchen und wickelst diese formschön ineinander. Anschließend bindest du den wertigen Schmuck an ein Band. Jamas, du wundervolles Ungeheuer!

EFFEKTSTEIGERUNG

Gülden werden. Dazu Mütze, Wischmoppbändel und Amulett sorgfältig mit Goldlack besprühen, alles trocknen lassen und – glänzen!

DAS MEINT DR. MASKERADE

FEIERTAUGLICHKEIT

★★★★★

Der magischen Medusa bleibt nichts verwehrt – du hast völlige Bewegungsfreiheit, kannst dich unter deinem Betttuch so warm kleiden, wie du möchtest, und bist in der Lage, alle Tänze dieser Erde zu vollführen. Speziell das Headbanging wird zu einem ganz besonderen Genuss!

FLIRTFAKTOR

★★★★★

Eins ist ja wohl klar: Einer Medusa kann kein halbwegs normaler Mensch widerstehen. Zwar besagt der Mythos, dass dir niemand ins Gesicht schauen darf – doch wer kann sich nach zehn Ouzos noch daran erinnern, dass man Gefahr läuft, zu Stein zu erstarren? Also: Mach was daraus!

ERLEBNISFAKTOR

★★★★★

Du wirst einfach jedem die Show stehlen und den ganzen Abend über von Bewunderern umgeben sein. Das ist im Grunde ein fantastisches Gefühl. Du musst es lediglich verstehen, dich gegen langweilige Gespräche über Pallas Athene und Poseidon zu wehren – am besten ohne dein Gegenüber gleich zu Stein erstarren zu lassen. Und hüte dich vor eifersüchtigen Matrosen und Prinzessinnen, die versuchen, dir deinen kostbaren (Kopf-)Schmuck zu stehlen!

Unglück macht Menschen.
Wohlstand macht Ungeheuer.

Victor Hugo

And the winner is …
Der Oscar

WER BIN ICH?

Der Oscar leuchtet und glitzert und ist glücklich und stolz. Dass er der Hauptgewinn des Abends ist, sieht man ihm an. Seinen Kopf trägt er stets ein wenig höher als sein Gegenüber, dazu verhält er sich würdevoll unnahbar. Dabei befindet er sich stets in großer Gesellschaft, in der jeder denkt, ihn verdient zu haben.

Ansonsten verharrt der Oscar den ganzen Abend in ein und derselben Position, lässt seinen straffen Bauch niemals auch nur ansatzweise erschlaffen und poliert nur hin und wieder ganz verstohlen seinen glänzenden Körper. Das Schlimmste, das ihm widerfahren könnte? Missachtung!

Sobald er eine Bühne erblickt oder jemanden, der eine Rede oder irgendwas Vergleichbares zu halten gedenkt, schmeißt er sich auf die Bretter, die die Welt bedeuten, und lässt sich überreichen! Das ist schließlich sein verdammter Job.

MAN NEHME:

- 1 Rettungsdecke (goldfarben)
- weißes oder gelbes (idealerweise natürlich goldenes) Garn
- 1 Frühstücksmesser
- Schere

UND DANN?

Wickle dich in eine handelsübliche goldfarbene Rettungsdecke, in die du zuvor Löcher für Augen, Mund und Nase geschnitten hast. Guck dir zur Sicherheit noch mal im Netz die Oscar-Pose an, mit ein wenig Übung kriegst du das doch wohl spielend hin. Damit die Decke hält, kannst du dich von einem Freund in der Pose mit dem Garn festschnüren lassen. (Auf Bewegungsfreiheit achten!) Für noch mehr Authentizität nimm ein Frühstücksmesser zur Hand.

EFFEKTSTEIGERUNG

Sich ab und zu jemandem in den Arm werfen

DAS MEINT DR. MASKERADE

FEIERTAUGLICHKEIT

★★★★★

Da du, um deinem Namen, äh, Kostüm, gerecht zu werden, möglichst in ein und derselben Position verharren musst, sind deine Feiermöglichkeiten und somit auch dein Spaßpotenzial recht begrenzt. Aber hey – dafür bist du eine hammermäßige Auszeichnung und noch dazu golden. Also mach was draus! Nicht ganz so praktisch ist es, wenn du die Toilettenräume aufsuchst. Schließlich musst du dich dazu komplett enthüllen, und so 'ne goldfarbene Rettungsdecke wird davon auch nicht schöner. Also trink besser nicht so viel! Für deine würdevolle Haltung ist das sowieso vorteilhafter.

FLIRTFAKTOR

★★★★★

Nutze die Effektsteigerung, so lernst du spielend leicht neue Leute kennen und wirst prima mit Getränken und Speisen versorgt. Sei geschickt und such dir dafür ausschließlich potenzielle Flirtpartner aus! Der Rest ergibt sich. Auch praktisch: Auf dem Arm sitzend muss dir im Zweifel nicht mal ein blöder Spruch einfallen – schließlich bist du von Hause aus stumm.

ERLEBNISFAKTOR

★★★★☆

Eins steht fest: Auf so vielen Schößen und Armen hast du seit deiner Kindheit nicht mehr gesessen. Wie kommst du mit dieser Nähe klar? Wie reagiert der oder die dich Haltende? Wirst du überhaupt gehalten? Und was stellen die Leute alles an, um mit dir steifem Goldstück davonmarschieren zu dürfen?

Reden ist Silber,
Schweigen ist Gold.

Redensart

Vermisst Maude: Harold

WER BIN ICH?

Ach, Harold! Dieser Junge ist so furchtbar blass und freudlos. Dabei hat er das ganze Leben doch noch vor sich! Mit einer Menge Asche, die er einmal erben wird, kann er die halbe Stadt kaufen und jetzt schon superhappy sein. Aber nein: Traurig dreinschauend schlurft er über das gesellschaftliche Parkett und ist gar nicht richtig anwesend. Keiner der Gäste interessiert ihn, und deshalb interessiert sich auch keiner so recht für Harold.

Dabei ist zumindest sein Äußeres – dieser 70er-Jahre-Nerd-Style – zum einen so cool, dass er bei Hipstern gut ankommen würde, und zum anderen so adrett, dass er sich auch unter Spießern wohlfühlen dürfte. Eben das tut er aber nicht.

Doch halt! Eine Sorte Feier gibt es, auf der Harold sich wie ein Fisch im Wasser fühlt: Ü70-Partys! Sofern dort nicht nur Rentner herumschleichen, die genauso scheintot sind wie er, sondern ausreichend extravagante, lebensfrohe Bestager. So wie Filmpartnerin Maude eben.

Und da wäre natürlich noch eine Sache, die Harold ein Lächeln ins Gesicht zaubert:

der Selbstmord. Na ja, der Selbstmord-Fake.
Die Aufmerksamkeit, die ihm dann zuteil wird, genießt er in vollen Zügen. Wenn er mal wieder ketchupbematscht und täuschend leichen-echt am Boden liegt, fließt das Adrenalin allerorten in Strömen, und selbst die langweiligste Kostümparty verwandelt sich in Nullkommanix in ein aufregendes Fest.

MAN NEHME:

→ 1 Plastikflasche Ketchup
→ 70er-Jahre-Klamotten (ideal: brauner Wildledermantel mit sehr breitem beigen Kragen, wie auf dem Harold & Maude Filmplakat)

UND DANN?

Mehr als die schönen 70er-Klamotten anzuziehen und die Ketchupflasche mitzunehmen ist gar nicht nötig. Auf der Party angekommen, nimmst du ab und zu heimlich einen großzügigen Schluck des köstlichen roten Mitbringsels, fällst dramatisch um, verharrst in einer möglichst leblosen Stellung und lässt ein blutiges Rinnsal aus deinem Mund laufen.

Makaber Rhabarber

EFFEKTSTEIGERUNG

Blutlache aus rotem Wachstuch zurechtschneiden und bei Bedarf ausbreiten.

DAS MEINT DR. MASKERADE

FEIERTAUGLICHKEIT

★★★★★

Nun, bis auf ein paar kleine Intermezzi lässt es sich eigentlich vortrefflich feiern in diesem Kostüm, das ja auf den ersten Blick kaum eins ist. Du siehst aus wie ein schrulliger 70er-Jahre-Boy – und kannst dich nach Herzenslust ebenso schrullig benehmen. Das stört keinen und macht dich höchstens interessant.

FLIRTFAKTOR

★★★★★

Wenn du dich an ein paar einfache Regeln hältst, sollte die erfolgreiche Kontaktaufnahme zu einer lebenslustigen Senioren-Lady kein Problem sein: 1. Weihe deine Angebetete in deine exzentrische Angewohnheit ein. 2. Sterbe nur dann in ihrer Anwesenheit, wenn sie a) diese Neigung TOTAL liebenswert findet und du b) die Sache vorher schon getestet hast und weißt, dass nicht alle entweder davonrennen oder dich auslachen. Sonst warte eben, bis sie mal für kleine Mädchen ist.

ERLEBNISFAKTOR

★★★★★

Einmal das Sterben erleben – das ist doch prima! Wer reagiert wie? Reagiert überhaupt irgendjemand? Zerreißt es deinen sogenannten Freunden das Herz, oder scheren sie sich einen feuchten Kehricht? Wer eilt dir als Erster zu Hilfe? Kleiner Tipp: Wenn auf die Regeln in der Rubrik »Flirtfaktor« gepfiffen wird, lässt sich mit dem Sterben sehr schön herausfinden, wie interessiert bzw. humorbegabt die Flamme deines Abends wirklich ist …

Ein unnütz' Leben ist ein früher Tod.

Johann Wolfgang von Goethe

Alle kreischen: Der Zalando-Mann

WER BIN ICH?

Privat ist der Zalando-Mann ein ziemlich farbloser Mensch. Einer, der im Alltag nicht viel zu melden hat, vor allem nicht zu Hause. Sein Gang ist schlaksig, seine Haut weißlich-durchsichtig, der Korpus wirkt schmächtig – was allerdings auch daran liegen könnte, dass er sich am liebsten möglichst unauffällig-ungeschickt in dunklen Ecken herumdrückt und die Sonne meidet. In seinem beschaulichen Leben vor dem schwarz-gelben Outfit machte er wahrscheinlich irgendwas mit Elektrotechnik oder Excel-Tabellen. Ist aber auch egal. Seitdem er als Frauenbeglücker arbeitet, fühlt er sich befreit und einfach unbeschreiblich gut! Das Leben ist schön – jedenfalls sobald dieser Typ in seiner schicken gelb-schwarzen Uniform steckt. Während ihm im wahren Leben nicht das leiseste Fitzelchen Wertschätzung zuteil wird und er immer nur Befehle ausführen muss, selbst aber nie welche geben darf, kreischen ihn nun haufenweise Frauen an, sobald er in seine Rolle, Verzeihung, sein Kostüm schlüpft. Er muss den Klingelknopf nur

Schrei vor Glück

berühren und schwupps, spielt er in einer völlig anderen Liga. Manchmal kann er sogar das ein oder andere Küsschen absahnen. Was will Mann mehr?

MAN NEHME:

- 1 Gelbe Mütze/Baseballkappe
- 1 Gelb-schwarzes Oberteil
- 1 Schwarze Hose
- 1–5 Pakete – mit oder ohne Inhalt
- Edding

UND DANN?

Schlüpf in die Kluft des Zalando-Manns (zur Not schnell noch mal den alten Werbespot reinpfeifen), schnapp dir die paar recycelten Pakete, male Schuhe drauf und schreibe »Schuhe« drauf – und schon bist du bereit für die wundersame Verwandlung.

EFFEKTSTEIGERUNG

3 bis 9 Mädels, die je 2 bis 8 Paar Schuhe mit sich führen und in regelmäßigen Abständen kreischen.

DAS MEINT DR. MASKERADE

FEIERTAUGLICHKEIT

★★★★★

Da du normalerweise wenig zu kamellen hast, läuft im Zalando-Outfit die Party deines Lebens. Alle lieben dich. Das solltest du ausnutzen: Locke das Weib mit Wein und Paketen! Je mehr, desto besser. Und wenn die eine Feierlichkeit nichts mehr hergibt, etwa weil die Tanzfläche leer gerockt oder das Bierfass trocken ist, klingelst du einfach bei der nächstgelegenen musikbeschallten Nachbarwohnung. Dem Zalando-Mann wird nirgendwo der Eintritt verwehrt!

FLIRTFAKTOR

★★★★★

Keiner vermag besser zu flirten als du. Du, der Typ, der sämtliche Frauen beglückt – und sei es auch nur mit leeren Pappkartons. Du, der neuerdings stattliche Typ, der sich in seiner Rolle absolut wohl und supersicher fühlen kann. Du bist zwar weder witzig noch besonders geistreich, aber egal. Solange du den Frauen gibst, was sie wollen, kann dir nichts passieren. Beziehungsweise alles. Aber behalte bloß ein letztes Paket in Reserve!

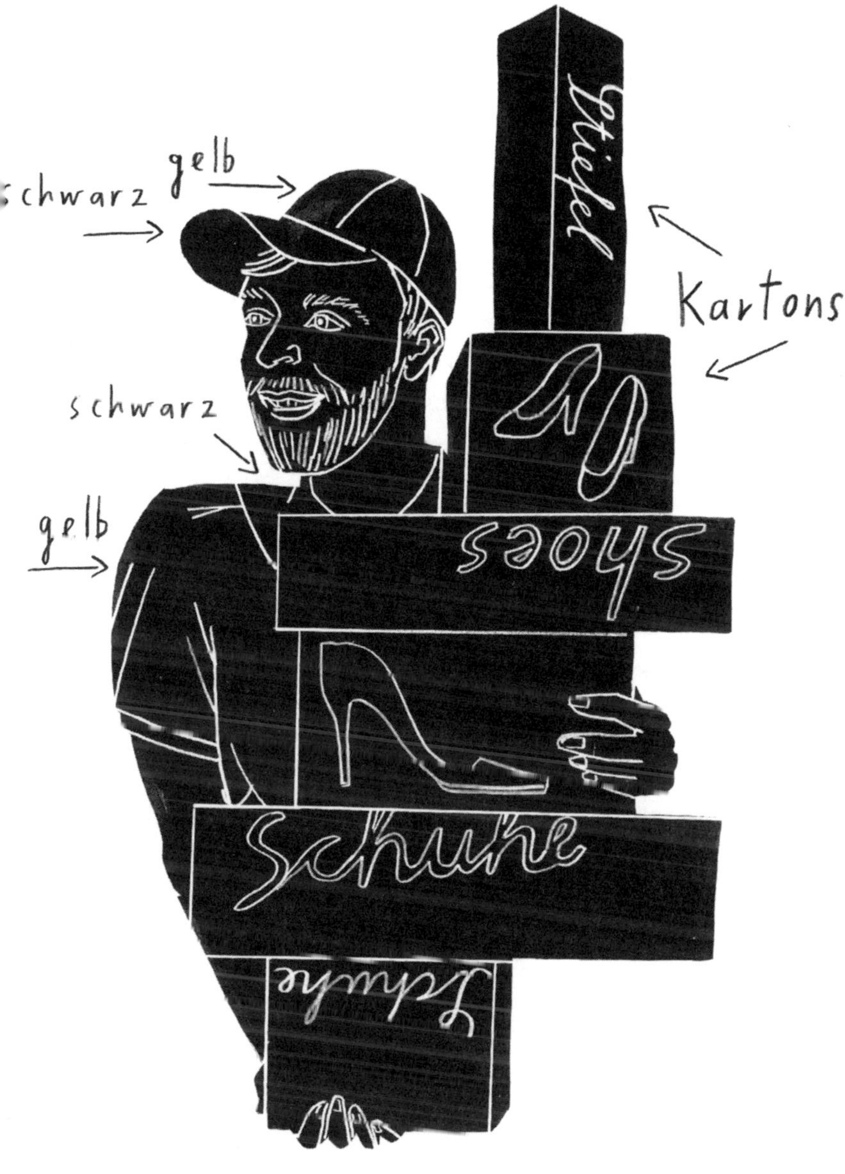

gelb
schwarz
Stiefel
Kartons
schwarz
gelb
shoes
Schuhe
Schuhe

ERLEBNISFAKTOR

★★★★★

Wer viel zu bieten hat, erlebt natürlich dementsprechend viel. Und außer deinem umwerfenden Charme hast du ja immerhin noch eine Menge Pakete dabei. Dass die leer sind, interessiert zu später Stunde keinen mehr. Also stürz dich ins Getümmel, locke mit Schuhen, glitzernden Accessoires und gelb-schwarzer Eleganz, lass dich rechts und links bützen und alle männlichen Feiernden vor Neid erblassen – halte dich bei den Männern deshalb unbedingt an die Fans vom BVB, da ist die Chance geringer, dass sie dir was auf die Schnauze geben.

Gib einem Mädchen die richtigen Schuhe, und sie wird die Welt erobern.

Bette Midler

Gepiesackte im Busch: Die Dschungelpromis

WER BIN ICH?

Der Dschungelpromi ist ein ziemlich abgehalftertes Persönchen. Seine beste Zeit hat er längst hinter sich, und nun auch noch das: schlechter Schlaf, Essensentzug, Lagerkoller und sadistische Ekelspielchen. Dazu der Dreck, in dem er lebt, die Hitze, die ewige Reispampe, Moskitos, die Angst vor der nächsten beschissenen Prüfung und die immer gleiche stinkige Kleidung. Schwach und extrem gereizt ist er deswegen. Alles ist anstrengend, alles – und vor allem jeder – nervt.

Der Dschungelpromi wartet sehnsüchtig darauf, dass einer ihn schief anschaut. Oder aus Versehen etwas Bier über sein gammeliges Shirt schüttet oder einfach nur dumm im Weg herumsteht. Dann jubiliert der Proll in ihm und ballt schon mal in freudiger Erwartung innerlich die Faust. Endlich kann der geschundene D-Promi etwas Dampf ablassen. Und dann wird geschimpft, beleidigt, auf den Boden gestampft und böse gewiehert. Schließlich soll die Presse ja was zu berichten haben und die Zeit im

Star am Limit

Nirgendwo ihn aus dem beruflichen Nichts befördern. Den ganzen Abend lang benimmt sich der Dschungelpromi also mit Genuss und Hintergedanken daneben, und weder Schamgefühl noch Warnrufe von Bekannten oder der Familie kommen ihm dabei in die Quere. Der Dschungelpromi w Viel tiefer kann er nicht mehr sinken, wozu als dämliche Beherrschung?

MAN NEHME:

- 1 braunes Achselshirt
- rote Outdoor-Hosen
- 1 Paar Wanderschuhe
- matschfarbene Schminke oder echten Mats
- Wetgel
- weißen Textilmarker
- wer hat: Schutz- oder Taucherbrille, Ranger- oder Cowboyhut

UND DANN?

Male eine Telefonnummer und deinen Namen die Rückseite des T-Shirts. Schlüpfe in die fesch Outdoor-Klamotten, und gele deine Haare so zu dass sie schwitzig-nass aussehen. Jetzt fehlt nu eine großzügige Portion Dschungeldreck – schr sie hin, wo immer du willst. Als i-Tüpfelchen k

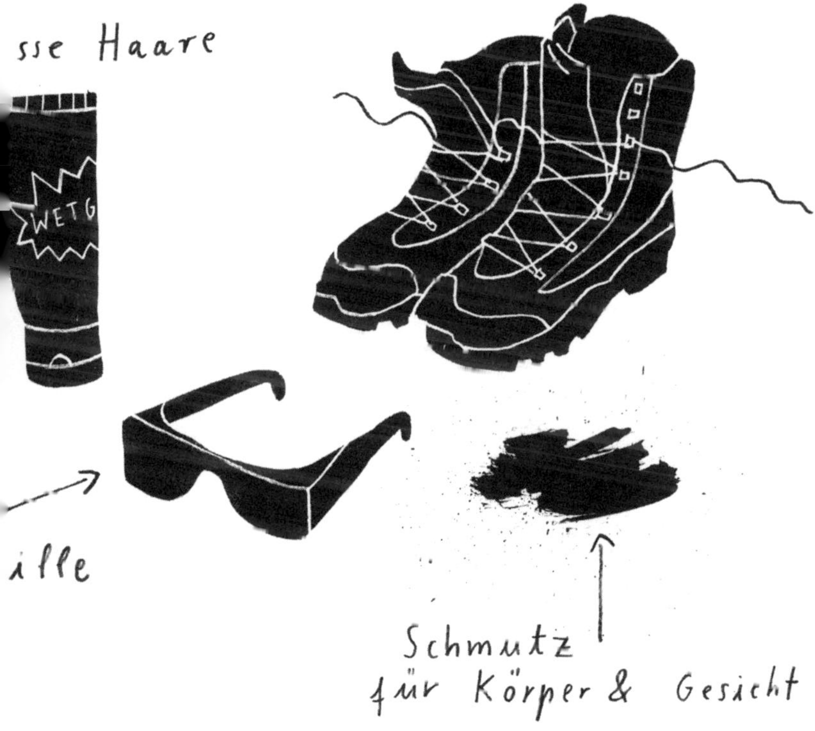
sse Haare
WETG
ille
Schmutz
für Körper & Gesicht

du noch Brille oder Rangerhut aufsetzen. Gerne mit Dschungeldeko wie Lianen, Blümchen o. ä..

EFFEKTSTEIGERUNG

Sortiment ekliger Schnäpse mitführen (Wurm-Tequila usw.). Auf dem Höhepunkt des Abends ungefragt Mutproben/Dschungelprüfungen durchführen – für Mutige mithilfe von eklig aussehendem Essen und unappetitlichen Insekten und Würmern aus dem Garten. Für weniger Mutige mit Haribo-Würmern.

DAS MEINT DR. MASKERADE

FEIERTAUGLICHKEIT

★★★★★

Rumpöbeln, saufen, hemmungslos tanzen und sich dabei die Kleider vom Leib reißen – endlich alle Schranken fallen lassen und so feiern, wie du es dich noch nie getraut hast. Das ist mit diesem Kostüm möglich. Nur was die anderen Gäste dazu sagen, das steht in den Sternen … Aber wer will schon ernsthaft Dschungelkönig/in werden?

FLIRTFAKTOR

★★★★★

Ohne Scham und Skrupel schöne Menschen anflirten – diesen Abend wirst du es dich endlich trauen. Dabei musst du nur zusehen, dass dein Charme dein borstiges und heruntergekommenes Auftreten wettmacht. Na los, gib der Klatschpresse ordentlich Futter!

ERLEBNISFAKTOR

★★★★★

Mit diesem Kostüm kannst du alle nur erdenklichen Grenzen austesten. Jeder wird es nachvollziehen können, keiner großartig anderes von dir erwarten. Schließlich will ja auch jeder was zu sehen bekommen. Hinterrücks herziehen über die anderen Gäste, schmollend in der Ecke sitzen, grundlos ausrasten, hysterisch gackern, geschwächt kollabieren, zügellos flirten und fummeln, alle Reste vom Büfett auffuttern, befreite Sing- und Tanzeinlagen aufs Parkett legen – du hast sooooo viel nachzuholen.

Von guten Mächten wunderbar geborgen, erwarten wir getrost, was kommen mag.
Dietrich Bonhoeffer

Charismatisch, praktisch, gut: Conchita Wurst*

MAN NEHME:

→ 1 (Tofu-)Wurst
→ 1 hübschen dicken Faden
→ schwarzen Kajal (oder Fake-Bart)
→ 1 glamouröses Kleid
→ ggf. dunkelbraune Haartönung

Wenn du eine Dame mit wallendem Haar bist und extravagante Auftritte liebst, bist du hier genau richtig. Für den Abend deines Lebens musst du dir (vielleicht) nur die Haare tönen, dich in dein Glamour-Outfit schmeißen und einen eleganten Bart anlegen. Für das i-Tüpfelchen an Eleganz (und das todsichere Erkennen) sorgt eine um den Hals gebundene Wurst. Schon wirst du dich wie ein Phönix aus der Asche erheben!

Pompöööš

EFFEKTSTEIGERUNG

Was kann die Wurst am besten? Singen! Und welchen Song? Dreimal darfst du raten.

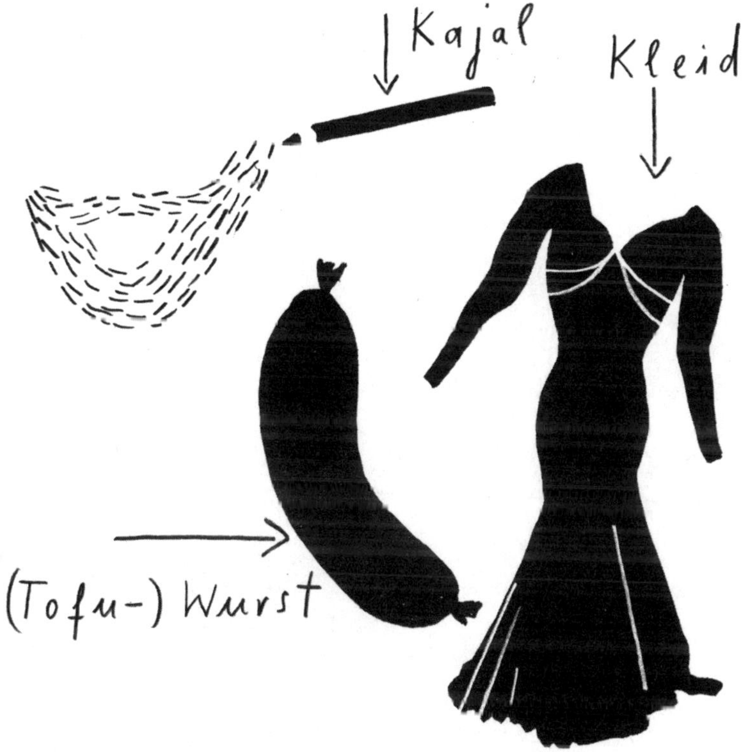
Kajal
Kleid
(Tofu-) Wurst

Kuri

oses

Lass ziehen: Der Teebeutel

WER BIN ICH?

Man sagt dem Teebeutel gerne nach, dass er im Gegensatz zu seinen Verwandten, den losen Teeblättern, von minderwertiger Qualität sei. Doch stört ihn das? Beileibe nicht – er pfeift drauf! Genügsam und sehr leicht zu handhaben ist er zumindest: einfach seiner Papppackung entnehmen, mit sprudelndem Wasser übergießen, und einige Atemzüge später genießen (außer Karla Kamille und Hans Hagebutte).

Privat ist der Teebeutel ein häuslicher Typ, der gerne mal fünf grade und den lieben Gott einen guten Mann sein lässt. Am liebsten hängt er in der eigenen Pappschachtel oder in Bechern mit heißem Wasser ab. Und – bei aller Faulheit – eins muss man ihm zugutehalten: Es liegt ihm absolut fern, auch nur einen kleinen Augenblick zu jammern, sich zu beschweren oder ausgenutzt zu fühlen, und das, obwohl er immer nur benutzt, ausgequetscht und in den Müll geworfen wird. Doch selbst dort macht er das Beste aus seiner Situation und scheint sich nicht einmal besonders unwohl zu fühlen. Ob es daran liegt, dass er an diesem subtropischen Ort öfter mal auf alte Bekannte wie den durchgerockten Kaffeefilter oder aufgerissene Zuckertütchen trifft, die sich meist in einem sehr viel bemitleidenswerteren Zustand befinden? In solch guter Gesellschaft kann der Teebeutel prima weiter abhängen und ganz in Ruhe seinen wohlverdienten Lebensabend genießen.

MAN NEHME:

→ 1 Weißes Betttuch
→ 1 lange Kordel
→ Pappstück
→ dick malenden Stift
→ Klebeband
→ Nähmaschine und Faden oder Tacker
→ Schere

Reichlich abgebrüht

UND DANN?

Stell dich in die Mitte des Bettlakens, und schneide zwei Löcher hinein, durch die du mit den Beinen durchsteigen kannst. Beide Seitenränder zusammennähen –, oder tackern, falls Nähen nicht dein Ding ist – dabei aber unbedingt auf jeder Seite ein Loch für deine Arme lassen. Dann präparierst du das kleine Pappschild mit der Aufschrift »Ziehzeit: 5–10 Minuten«, klebst es an das eine Ende der Kordel und nähst diese irgendwo an die obere Kante des Beutels in spe. Schlüpf hinein in diesen Beutel, und tackere zu guter Letzt den oberen Rand rechts und links von deinem Kopf zu. Oder lass dir dabei von einem/r Freund/in helfen.

EFFEKTSTEIGERUNG

Pfiffige Teesorte einfallen lassen und auf den Rücken schreiben: »Zeit des Unmuts«, »Augenblicke des Zorns«, »Innere Unruhe« …

DAS MEINT DR. MASKERADE

FEIERTAUGLICHKEIT

★★★★★

Saumäßig gut feiern lässt es sich ja nicht unbedingt, wenn man saumäßig faul ist. Es war schon ein Wahnsinnsakt, dich aus deiner Pappschachtel rauszulocken. Den anderen zuliebe machst du aber dann mit und findest dieses »Feiern« gar nicht so verkehrt. Besonders die Sache mit diesen unglaublichen Modegetränken – siehe unten.

FLIRTFAKTOR

★★★★★

Als Teebeutel hast du in Sachen Flirt leider nicht so tolle Voraussetzungen. Schließlich ist der Beutel nicht unbedingt der flotte Checker, sondern eher ein pantoffelheldiger Stubenhocker, der es am liebsten

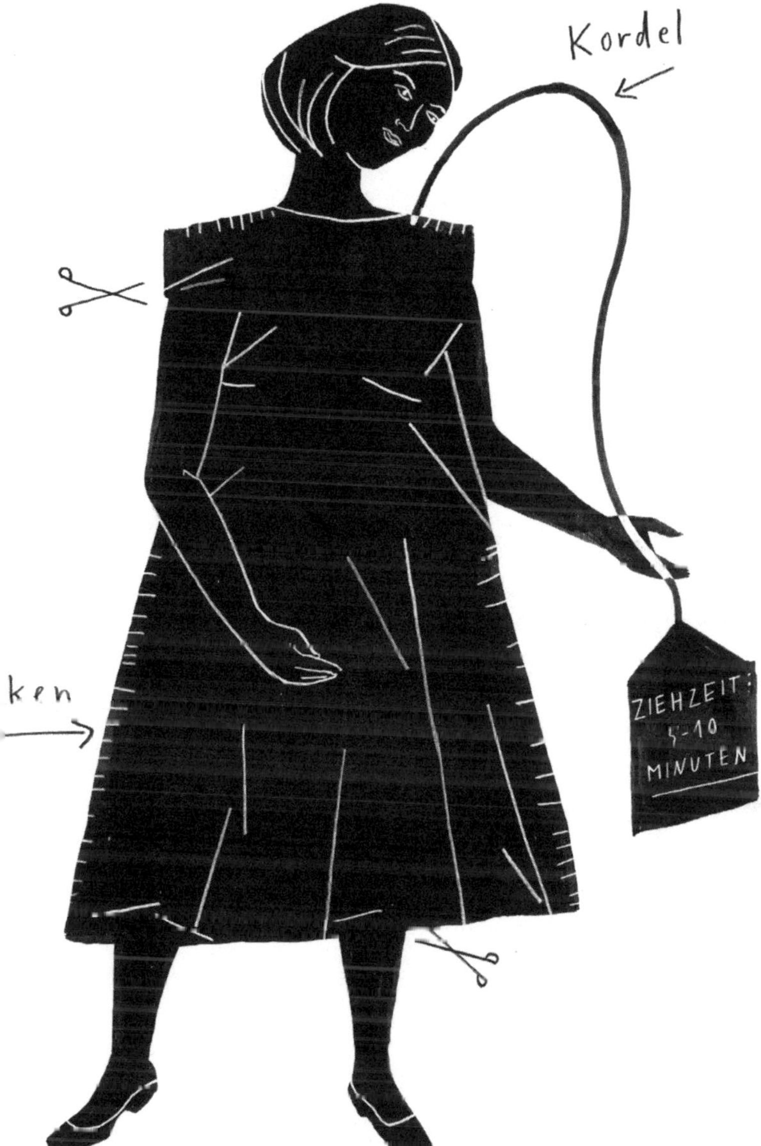
Kordel
ken
ZIEHZEIT:
5-10
MINUTEN

gemütlich angeht. Immerhin: Für Menschen mit zu vielen Kilos an der Körpermitte ist das sackartige Kostüm extrem schmeichelnd. Ein schön verhüllter Bauch macht schön was her!

ERLEBNISFAKTOR

★★★★★

Kaum zu glauben, was sich als Teebeutel an einem einzigen Abend so alles erleben lässt: Du wirst völlig neuartige Getränke kennenlernen und zu dir nehmen. Darunter werden sich auch Kaltschalen befinden – lecker! Und warum hat dir bislang nie jemand von deinem Cousin Long Island Ice Tea erzählt? Der ist eine Offenbarung! Da bekommst du doch glatt erstmalig in deinem Leben Lust, den Dancefloor zu erobern. Dein plumper Tanzstil wird Begeisterungsstürme auslösen, vor allem, wenn du deine Gebrauchsanweisung als Rotorblatt nutzt. Wie? Du wirst plötzlich für einen Hubschrauber gehalten? Ach, was soll's!

Abwarten und Tee trinken!

Redensart

Rasten, nicht rosten: Die Bushaltestelle

Abgefahren

WER BIN ICH?

Eine Bushaltestelle steht ständig unter Beobachtung der Öffentlichkeit. Hier sind anständiges Verhalten und ein sauberer Look angebracht. Unterstellhäuschen und Aushänge sollten dementsprechend blank geputzt, die gelb-grüne Metallfahne nicht allzu schmutzig und der Mülleimer einladend sein. In der Öffentlichkeit zu stehen ist in diesem Fall übrigens wörtlich gemeint: Eine Haltestelle steht – und zwar immer. Ob es regnet, ob die Sonne knallt, ob es stürmt oder schneit, zu jeder Jahreszeit steht mindestens ein Depp draußen: die Bushaltestelle. Sie besitzt eine dementsprechend eiserne Disziplin und auch ein dickes Fell. Jammern wird man sie nicht hören.

Wobei das dicke Fell nicht nur in Bezug aufs Wetter sinnvoll ist, sondern vor allem wegen der Fahrgäste: Schließlich reihen sich alberne Schulkinder an nölende Friseurinnen an steife Banker an genervte

Assis und rauchende Mechaniker – peinliche Volltrunkene nicht zu vergessen. Wenn es hart auf hart kommt, muss eine Bushaltestelle auch schon mal als Hotelersatz herhalten.

MAN NEHME:

→ 1 Fahrplan (aus dem Netz in DIN A4 ausdrucken)
→ Klarsichtfolie
→ 1 reißfeste Schnur oder Kordel
→ grüne und gelbe Stifte
→ 1 qm Pappe
→ 1 weiterer qm Pappe oder 2–3 leer gerollte Küchenrollen
→ 1 Aschenbecher (zur Not aus Pappe basteln)
→ 1 Stirnband o.Ä.
→ 1 Hocker oder Stuhl

UND DANN?

Steck den ausgedruckten Fahrplan in eine Klarsichtfolie und zieh eine Kordel hindurch, sodass du das Schild bequem um den Hals tragen kannst. Dann schneidest du ein rundes, ca. kopfgroßes Pappschild aus, malst ein grünes »H« darauf und den Hintergrund gelb an. Bastle dir aus der Pappe eine einigermaßen haltbare Verlängerung zurecht, die als »Metallstange« dienen soll. Dann streifst du dir das Stirnband über und steckst die Pappstange mit dem zuvor befestigten »H«-Schild am Hinterkopf in das

Band. Stange und Schild sollten ca. 20 cm über den Kopf herausragen. Um deinen Gästen ein gewissen Maß an Service zu bieten, nimm einen Hocker oder Stuhl mit. Der erste Fahrgast kann kommen.

EFFEKTSTEIGERUNG

Aschenbecher für die Fahrgäste bereithalten

DAS MEINT DR. MASKERADE

FEIERTAUGLICHKEIT

★★★★★

Findet die Party draußen statt? Super, schließlich kannst du ja schlecht in Räumen herumstehen (was für ein Imageverlust!) und dann auch noch erwarten, dass Fahrgäste vorbeikommen. Auf Outdoor-Partys hingegen kannst du brav stehen und dich ordentlich vollquatschen lassen. Drängen Durst oder Blase allzu sehr, beweg dich unauffällig in Richtung Theke bzw. Toilette. Seitlich und im Gänsefüßchengang. So bemerken es die anderen Partygäste nicht, dass du dich bewegst – und schwupp, schon wurde ein weiteres Bier frech in deinem Müllcimer platziert oder haben sich deine Gesichtszüge wieder entspannt, bevor jemand deinen Kriechgang entlarvt hat. Bei Indoor-Partys solltest du dich auf blöde Fragen einstellen und dir ein paar Ausreden zurechtlegen, so etwas wie: »Na und? Ich hab Urlaub«, »Der nächste Bus fährt erst in zwei Stunden.« Dir wird schon was einfallen!

FLIRTFAKTOR

★★★★★

Jeder kennt dich, jeder liebt dich – oder hat zumindest schon viel Zeit mit dir verbracht. Nutze diese Beliebtheit schamlos aus, denke dabei auch an deine Sitzgelegenheit. Geht jemand nicht auf deine Flirtversuche ein? Dann dreh dich um und geh! Soll die Person doch sehen, wie sie heute Nacht nach Hause kommt.

ERLEBNISFAKTOR

★★★★★

Als Bushaltestelle wirst du Erfahrungen zuhauf machen (müssen). Wo sonst spielt das wahre Leben? Unter deinem Dach tummeln sich alle Arten von Menschen; es wird gelacht, geheult, geraucht, gesoffen, gespuckt und sich geprügelt. Du erfährst den neusten Klatsch, wirst im Sommer schön braun und behältst im Winter einen klaren Kopf. Man kümmert sich um deinen Müll und liest dir jeden Wunsch von den Lippen ab – bzw. die Fahrzeiten vom Hals. Und das Beste daran: Du musst nichts weiter tun als in aller Ruhe stehen bleiben!

Alles nimmt ein gutes Ende für den, der warten kann.

Leo Tolstoi

Lecker' Häppchen: Das Maki-Sushi

WER BIN ICH?

Das Sushi-Röllchen ist von eher schüchterner Natur, will allerdings trotzdem mit seiner exotischen Art aus der Menge der Verkleideten hervorstechen – nur eben auf den zweiten Blick. Vorsichtig schaut es sich gut geschützt nach einem geeigneten Gesprächs- oder Tanzpartner um und ist heilfroh, dass man seine feuerrote Tomate dabei nicht sehen kann. Nur zu gerne versteckt es sich hinter seinen dicken Algenschichten. Es gibt sich gerne geheimnisvoll und unnahbar. Aber wenn es auf großen Wohlgefallen stößt, taut es auf, plappert, was das Zeug hält, und wagt ab und zu sogar ein heiteres Festtagstänzchen. Und es ist ganz und gar nicht böse, wenn es von einem sympathischen Gegenüber auch mal angeknabbert wird.

Nur wer hinter die Fassade blicken kann, wird sein schüchternes Herz erobern. Und? Wer traut sich am Ende des Abends?

Inkognito durch die Nacht

MAN NEHME:

- → 1–2 schwarze Müllsäcke
- → ca. 1 m × 1,5 m Pappe
- → 1 Rolle Packband
- → Papier und Buntstifte
- → 1 schwarzes Longshirt
- → 1 schwarze Leggins
- → 1 Paar schwarze Schuhe
- → schwarze Schminke oder Schlammmaske
- → Freund/in zum Helfen
- → Schere

UND DANN?

Miss den Abstand von deinem Scheitelpunkt bis unter deinen Po sowie deinen Körperumfang (jetzt bloß nicht pfuschen, später wirst du es bereuen!), und schneide dann ein Stück Pappe aus, das so lang ist wie dein Rumpf und so breit ist wie zweimal dein Körperumfang. Roll das Ganze zu einem Maki-Röllchen, und kleb die beiden Enden mit Packband zusammen. Zieh dir das Röllchen über den Kopf, und lass eine/n Freund/in markieren, an welcher Stelle du dein Gesichtsoval und die Löcher für deine Arme haben möchtest. Selbige schneidest du mit einer Schere in die Pappe. Die Kopfseite beklebst du kreuzförmig mit Packband, bis sie ganz verschlossen ist und du sie aufsetzen kannst. Mit der leichten Pappe sollte das nicht zu schwer auf deinem Kopf lasten.

Punkte für
Rettich, Avocado & Lach
Pappe + Müllsäcke
schwarze
Kleidung + Schuhe

Dann beklebst du das fast fertige Röllchen komplett mit schwarzen Müllbeuteln. Anschließend malst du auf ein kreisförmiges Stück Papier von der Größe der Röllchen-Kopfseite drei Sushi-Elemente: Rettich, Avocado, Lachs … und klebst das Ganze auf die Packbandoberseite. Schlüpf in deine schwarze Kluft, und trage Schminke oder Schlammmaske auf. Jetzt nur noch Röllchen aufgesetzt, Arme durchgestreckt und losgestiefelt.

EFFEKTSTEIGERUNG

Wer ein Hündchen besitzt oder sich irgendwo eins ausleiht, kann mit einem putzigen Lachs-/Thunfisch-Nigiri zusätzlich punkten. Dazu einfach dem weißen oder weiß angezogenen Hund mit einem schwarzen Stoffstreifen ein rosafarbenes Kissen um den Bauch binden. Fertig!

DAS MEINT DR. MASKERADE

FEIERTAUGLICHKEIT

Das ideale Kostüm, um nützliche Dinge von daheim mitzuführen und verlockende Dinge auf der Fete unauffällig verschwinden zu lassen. Sieh zu, dass du die Rolle breit genug bastelst, dann verdrücken sich Deo, Kekse und die hübschen Blumen problemlos in deinem dicken Reisbauch. Warm genug kannst du es dir als Sushi-Röllchen auch gestalten – perfekt, wenn die Feierei im Freien lockt und all die leicht bekleideten Matrosen und Kätzchen sich den Hintern abfrieren.

FLIRTFAKTOR

★★★★★

Allein mit deinen hüftstarken Tanz- und Drehbewegungen wirst du zu imponieren wissen. Die Leute werden wahnsinnig vor Neugier, welche schöne Nixe bzw. welch gut aussehender Wassermann sich unter diesem Fisch-Outfit verbirgt! Und du? Kannst dich in aller Seelenruhe umgucken.

ERLEBNISFAKTOR

★★★★★

Sofern du deine Stimme verstellst, kannst du absolut inkognito durch den Abend rauschen – dich also hemmungslos danebenbenehmen, mutig anflirten, was auch immer dir Hübsches begegnet, deinen Feinden die Leviten lesen und einfach all das tun, was du dich sonst nie traust. Herrlich befreiend!

Der Fisch will schwimmen.

Redensart

Für unbestechlich frischen Atem: Das Mundwasser

WER BIN ICH?

Ahnungslose halten das Mundwasser für das personifizierte schlechte Gewissen, das als lebensgroße Mahnung durch die Gegend stapft und labilen Feiernden den Abend versaut. Dabei ist das Mundwasser ein sehr freundlicher Gesell, der es nur gut mit allen meint! Ein unverdorbener Odem ist schließlich rar auf Festen und Feiern. Alkohol, Zigaretten und schmierige Snacks lauern an allen Ecken und verwandeln die Mundflora in ein garstiges Monster. Quatschen, Flirten, Knutschen, Jubeln – das alles lässt sich so viel angenehmer ohne gemeinen Mundgeruch genießen. Da kommt das gute Duftwässerchen doch wie gerufen! Zuvorkommend und höflich ist es jedem Gast stets gern zu Diensten und freut sich über jede Kontaktaufnahme. Selbst wenn man nach jedem neuen Bierchen antanzt, um die eigene Mundflora zu entsauen, lässt sich das Mundwasser nicht aus der Ruhe bringen und bleibt entspannt und fröhlich. Dazu bewegt es sich unablässig durch alle Räumlichkeiten, vollführt hier

Bringt frischen Wind

Flachmänner
MUND-
WASSER
Gi
Plastik-Schnapsgläschen

und da ein Tänzchen, schaut wohlwollend drein und schenkt allen mal ein anerkennendes Nicken, mal ein aufmunterndes Lächeln. Ein echter Wohltäter.

MAN NEHME:

- 10–20 leckere Miniflachmänner
- 3–6 Flaschen Mundwasser
- 1 möglichst elastischen Gürtel
- 1 Stange Plastik-Schnapsgläschen
- unifarbene Kleidung mit Brusttasche
- 1 hübsche Kordel oder Schnur
- Textilfarbe oder -stift

UND DANN?

Die Flachmänner brauchst du für deine Mission, also raus mit dem Schnaps. Entweder du gönnst dir während der Vorbereitungen ab und zu einen Schluck, oder du wählst die Abflussvariante. Dann gießt du Mundwasser in die leeren Flaschen und verschließt sie. Präpariere deine Kleidung, indem du von oben nach unten groß LISTERINE o.ä. draufmalst. Ran an den Körper damit, und den Gürtel so locker wie möglich um die Taille (!) geschnallt. Jetzt steckst du die Mundwasser-Fläschchen ringsum in den Gürtel und musst nur noch die Schnapsgläschen in der Brusttasche verstauen. Go!

EFFEKTSTEIGERUNG

Im Duett mit einer Zahnbürste unterwegs sein. Dafür soll dein Partner sich ganz in Weiß kleiden und einen Kapuzenpulli tragen, ein Stirnband aufsetzen und ein Gebinde aus jeweils zehn rot-weißen Strohhalmen rings um den Kopf stecken. Danach Kapuze über den Kopf ziehen, sodass nur die Vorderseite des Strohhalmgebindes um deinen Kopf herum rausschaut.

DAS MEINT DR. MASKERADE

FEIERTAUGLICHKEIT

★★★★★

Mit dem Feiern in diesem Kostüm ist es so eine Sache: Einerseits ist alles tipptopp, du hast beide Arme frei und völlige Flirt-, Trink-, Ess-, Sing-, Klo- und Tanzfreiheit. Andererseits könnte es passieren, dass ständig jemand an dir hängt und eine Portion frischen Atem will. Das nervt in gewissen Situationen ganz schön. Du bist aber auch unwiderstehlich.

FLIRTFAKTOR

★★★★★

Volle Punktzahl dafür, dass du die Flirtqualität der gesamten Fete steigerst! Du selbst verfügst selbstverständlich über einen astreinen Atem und bist demnach in der Lage, wohlschmeckende Bützchen abzugreifen und zu verteilen. Bis deine Flaschen-Armada leer ist, hast du garantiert auch die Dame/den Herrn deines Herzens dingfest gemacht.

ERLEBNISFAKTOR

★★★★★

Wie bereits erwähnt: Du und deine Flaschen, ihr seid allseits beliebt und heiß begehrt. Aber bitte erinnere deine Gäste dran. Nicht schlucken, sondern spucken den Kram! Manch eine/r mag sich für den ihr/ihm erwiesenen Dienst sogar erkenntlich zeigen – das beschert dir richtige Drinks, Küsschen, Kohle oder Dienstleistungen – und ein fettes Grinsen im Gesicht (mit 1a-Atem).

Mein Geist dürstet nach Taten, mein Atem nach Freiheit.

Aus: »Die Räuber« von Friedrich Schiller

Rächer der Entrechteten: Der Ohrfeigenbaum

WER BIN ICH?

Ohrfeigenbäume gibt es längst nicht genug auf der Welt, bei so vielen fiesen Gesellen, so viel Unrecht und der Vielzahl an saublöden Sprüchen. Auch im Feierleben treiben sich leider massenweise Vollpfosten herum. Und die haben sich völlig zu Recht schallende Ohrfeigen verdient. Wer sich irgendwie ungerecht, saublöd oder fies verhält, mies vordrängelt, grundlos rumnörgelt, anderen ins Bier spuckt oder feige in den Hintern kneift, der bekommt selbst 'ne Feige – eine Ohrfeige! Den Ohrfeigenbaum juckt's nicht, ob sein Gegenüber größer, breiter, schlauer oder schöner ist als er. Er ist der Rächer der Entrechteten – sobald er sich dreht, hagelt es Backpfeifen!

Für diejenigen, die nicht zur Sorte Vollpfosten gehören und endlich mal mit ganzer Hingabe und wasserdichtem Alibi austeilen möchten, ist dieses Kostüm genau das Richtige.

Gummihandschuhe

MAN NEHME:

- mindestens 12 handelsübliche Gummihandschuhe; das Gummi sollte nicht allzu dick sein, damit es sich leicht aufblasen lässt
- mindestens 12 Sicherheitsnadeln

UND DANN?

Nur für Schwindelfreie

Puste alle Gummihandschuhe auf, und knote die Enden zu. Dann befestigst du die Handschuhe in regelmäßigen Abständen mit Sicherheitsnadeln an deiner Kleidung. Dreh dich mal zur Probe! Klappt's? Dein Körper ist also an den richtigen Stellen mit untertellergroßen Händen versehen? Schön – dann bist du abmarschbereit!

EFFEKTSTEIGERUNG

Kleide dich von oben bis unten in Brauntöne, steck dir grünes Laubwerk ins Haar, und verhalte dich möglichst baumhaft. Wenn dir was gegen den Strich, äh, auf die Wurzeln geht, weißt du, was zu tun ist!

DAS MEINT DR. MASKERADE

FEIERTAUGLICHKEIT

★★★★★

Endlich mal unbescholten Ohrfeigen an die Richtigen verteilen – ja, kann es Schöneres geben? Immerhin bist du ein Ohrfeigenbaum und willst nichts als deinem Titel gerecht werden. Macht sich ein Klugscheißer über dich, dein Kostüm oder deine Partymitstreiter lustig? Dreh dich! Zupft dich eine Flitzpiepe ungefragt am Shirt? Dreh dich schneller! Doch sobald dich das Tanzfieber packt, solltest du bevorzugt mit dem Hintern wackeln, statt dich allzu sehr zu drehen – schnell könntest du sonst die Falschen erwischen!

FLIRTFAKTOR

★★★★★

Flirten? Läuft. Schließlich sahnten schon Robin Hood, Spiderman und Co ordentlich beim anderen Geschlecht ab, richtig? Warum sollte es dir da anders ergehen. Weibliche Rächer gibt es bisher leider viel zu wenige. Obwohl genügend entrechtete Männer ihr Unheil auf Erden treiben. Also setzt zur Drehung an, verehrte Mädels! Das erklärte Motto des heutigen Abends: sich mit Backpfeifen Bützchen verdienen.

ERLEBNISFAKTOR

Da es viel zu viele Knallidioten gibt, hast du einiges zu tun. Aber das bereitet dir mörderische Freude: Dumme Sprüche müssen plötzlich neu gedacht werden, noch dümmere Gesichter haben »so was ja noch nie erlebt«, und eine Menge Münder bleiben offen stehen am Spielfeldrand. Aber Finger weg von richtig üblem Partygesocks: Die könnten dir ganz schnell die Luft rauslassen. Da lautet die weitaus klügere Devise »gehen statt drehen«.

An seinen Früchten
erkennt man den Baum.

Redensart

Deftig-fettig: Der Dönerspieß

WER BIN ICH?

Plump und mächtig kommt der Dönerspieß daher, wenn er sich langsam und gemächlich seinen Weg durch die Menge bahnt. Die sieht neben seiner plumpen Erscheinung sein Riesenschlachtermesser gefährlich aufblitzen und lässt ihn nervös lächelnd passieren. Macht zwar eher einen gemütlichen Eindruck der Typ, aber bei Messern kann man ja nie wissen. Ähnlich grob und bäurisch wie er aussieht, verhält er sich auch beim Essen und Trinken: In Sekundenschnelle verschwinden sämtliche Nahrungsmittel und Flüssigkeiten in seinem riesigen Schlund. Der schwere Becher wird mit einem lauten Rrrums auf Theken und Tische gehauen und nach mehr verlangt. Ganz schön derb! Gut, dass die Musik so laut ist, sonst würde man noch dazu seine gewaltigen Rülpser hören.

Nanu, doch was passiert, wenn man ihn auf der Tanzfläche erwischt? Der Dönerspieß verwandelt sich in John Travolta! Nein, die Ähnlichkeit beruht nicht auf seinen öligen Haaren. Der Dönerspieß dreht und wendet sich und shaked seine Hüften, dass den Ladys die Münder offen stehen bleiben!

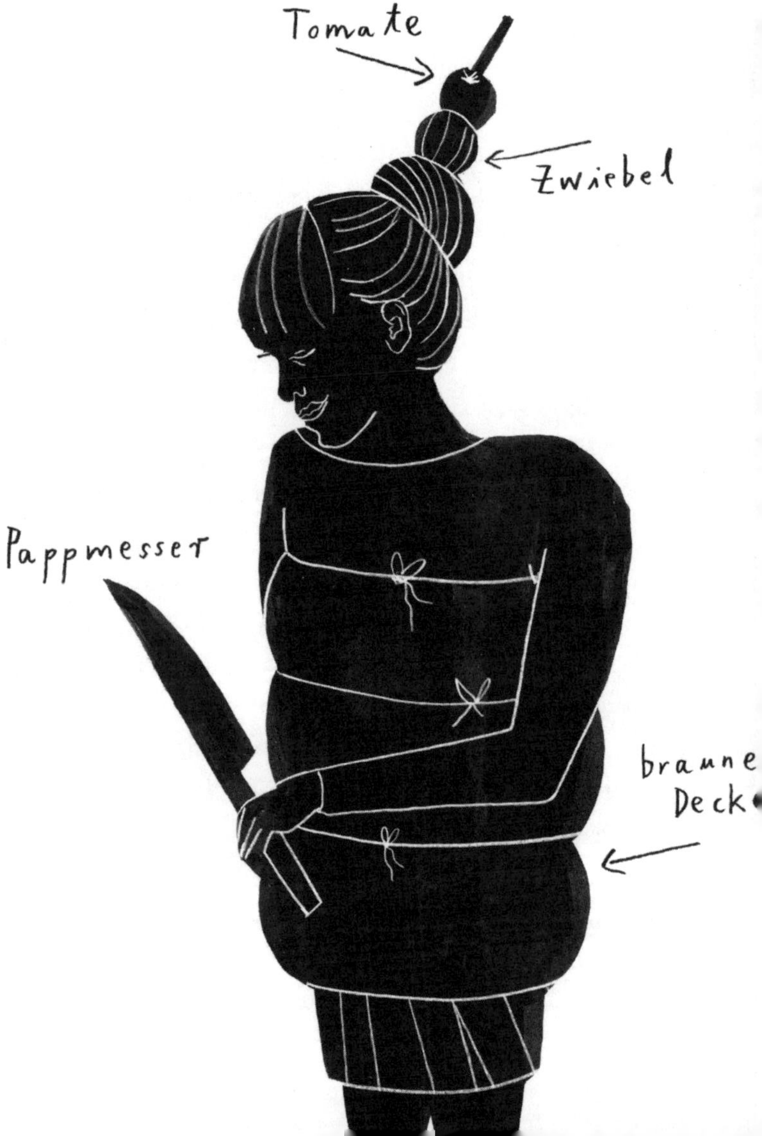
Tomate
Zwiebel
Pappmesser
braune
Deck

Wer hätte geahnt, dass sich hinter diesen dicken braunen Lagen ein wahrer Sexgott verbirgt?!? Und die köstlichen Düfte, die er beim Tanz verströmt! Sie verheißen Sonne, Leidenschaft und saftigen Genuss. Doch der Dönerspieß nimmt die Aufregung gelassen. Er kennt das. Und weiß, welche Wirkung er auf den Speichelfluss der anderen hat, sobald er die Tanzfläche entert. Jetzt heißt es: erst mal zu Ende tanzen, bis die Fetzen fliegen, zurück an die Bar, einen großen Humpen exen und dann schauen, wer noch übrig ist von den Bewunderern.

MAN NEHME:

- braune (ideal: glänzende!) Klamotten oder 1 braune Decke
- Alufolie
- feste, dicke Pappe
- 1 kurzen Stock
- 1 unauffälliges Stirnband
- 1 geschälte Zwiebel
- 1 Tomate
- Olivenöl
- Kleber
- Schere

UND DANN?

Bastle zuallererst eine Riesenmachete (na ja, ein prächtiges Fleischermesser eben) aus Pappe und Alufolie, danach deinen Spieß. Hierzu steckst du Zwiebel und Tomate übereinander auf den Stock und umwickelst den überstehenden Rest mit Alufolie. Danach hüllst du dich in die braunen Stöffchen, ziehst das Stirnband über und befestigst mit dessen Hilfe den Spieß an deinem Hinterkopf. Zu guter Letzt sorgst du mit Olivenöl in Gesicht und Haar für den nötigen ölig-triefenden Touch – inklusive einem dezenten orientalischen Düftchen.

EFFEKTSTEIGERUNG

Mit Knoblauch einreiben.

DAS MEINT DR. MASKERADE

Für Genießer

FEIERTAUGLICHKEIT

★★★★★

Es läuft super: Alle machen Platz, sobald du den Raum betrittst. Liegt's am Respekt vor deiner Erscheinung oder doch nur am gefährlichen Alumesser? Egal! Solange dein Kopfspieß gut genug befestigt ist, steht deinen kühnen Drehungen und sonstigen Schwüngen auf der Tanzfläche nix im Wege. Das ist die Hauptsache für dich, was schließlich sollte ein Dönerspieß sonst den ganzen Tag über tun? Humpen-Trinken ist auch null Problemo, was willst du mehr?

FLIRTFAKTOR

★★★★★

Schmieriger Bauer versus Tanzsexgott. Welche deiner beiden Facetten überwiegt beziehungsweise siegt bei der Dame/dem Herrn deines Herzens? Unsere Empfehlung: Die Früchte ernten, solange sie reif sind. Und den Döner verteilen, solange er heiß ist.

ERLEBNISFAKTOR

★★★★★

Dieses Kostüm ist der Himmel auf Erden: Du bist endlich mal in der Position, dich dreist und rüpelhaft zu benehmen, weil dein Fleischermesser dir den nötigen Respekt verschafft und es sich ja irgendwie auch genauso für dich gehört. Alle Drinks gehen stets zuerst an dich, an allen Kloschlangen wirbelst du einfach vorbei, und noch dazu ist jedes ansehnliche Gegenüber, das deine Tomate bewundert hat, für alle anderen tabu. Auch auf der Tanzfläche kommt dir keiner zu nahe – der ganze Laden ist dein. Es sei denn, du gewährst jemandem einen romantischen Paartanz.

Döner macht schöner.

Redensart

Down under: Der Trauerkloß

WER BIN ICH?

Wer hat den armen Trauerkloß bloß zu dieser Party überredet? Schlimm, wie er sich freudlos in Ecken herumdrückt und nicht weiß, wohin mit sich. Das kann man doch nicht mit ansehen! Zu Hause gibt er allerdings auch keine wesentlich bessere Figur ab – und dort erklingt nicht mal stimmungsaufhellende Musik aus den Boxen, buuuhuuuu.

Bei all dem Elend hat der Trauerkloß noch nicht mal einen bestimmten Grund zum Deprimiertsein. Es liegt schlicht in seiner Natur. Und seine gottgegebene Farbe und sein plumpes, kloßartiges Äußeres leisten ihren wertvollen Beitrag zum Jammern. Energielos schleppt sich der verheulte Kloß also von Couch zu Klo, von Couch zu Bar, vom Engtanz mit Frankenstein zu *Nothing's Gonna Change My Love For You* bis zum herzzerreißenden Solotanz zu *Total Eclipse of the Heart*. Die Hoffnung, dass der Abend irgendwann mal eine positive Wendung nimmt, ist das Klößchen schon nach fünf Minuten in diesem fürchterlich fröhlichen Treiben begraben. Wenn's ganz schlimm kommt, hilft ihm nur noch eine Portion Apfelrotkohl – oder Vatter Alkohol.

MAN NEHME:

- → 3–4 Packungen Fertigkartoffelklöße
- → so viele Sicherheitsnadeln wie Kartoffelklöße
- → Kleidung in Kloßfarbe
- → Lippenstift

UND DANN?

Befestige die Klöße mit den Sicherheitsnadeln in unregelmäßigen Abständen an deiner Kleidung. Schlüpfe hinein, male dir mit dem Lippenstift einen traurigen Mund – das war's!

EFFEKTSTEIGERUNG

Kleenex-Box und Zwiebel mitführen für echte Tränen.

DAS MEINT DR. MASKERADE

FEIERTAUGLICHKEIT

Denk an das alte Sprichwort: Feiern ist auch nicht immer der Weisheit letzter Schluss. Oder hieß es nicht doch anders? Egal! Sie gehören einfach ins Biotop jeder vielseitigen Party: die Pessimisten und Bedenkenträger, die noch im lustigsten Moment an das Elend der Welt denken, während alle um sie herum abstürzen, Getränke kippen und fröhlich die Beine schwingen. So muss es sein: Wo Licht ist, ist auch Schatten …

Ein Kind von Traurigkeit

FLIRTFAKTOR

Glücklicherweise gibt es überall und immer wieder reichlich Feierwütige mit Helfersyndrom und dem nervenaufreibenden Gedanken, andere müssten ebenso lustig durch die Nacht tanzen wie sie. Harmoniesüchtige, denen es wichtig ist, dass alle gut drauf sind und keiner außen vor bleibt. Sollte sich einer von denen dir nähern und in deinen trüben Augen attraktiv genug sein, ist die Zeit für Anmachversuche gekommen! Sollte sich keine/r nähern, dann scheiß drauf, und schmettere bei der nächsten Ballade dramatisch mit.

ERLEBNISFAKTOR

Wer ohne große Erwartungen ausgeht, erlebt oft die allerbesten Feste. Da du Trauerkloß dir die Party in den schlimmsten Farben ausmalst, kann es doch eigentlich nur super werden, oder? Was passiert, wenn du auf lustige Lappenmänner oder ähnlich spaßiges Gesindel mit Aufheiterungszwang triffst? Schaffst du es, sie von der Last des Daseins zu überzeugen? Oder entflieht dir etwa eines dieser abscheulichen Lächeln??? Jippieh!

Das Leben ist eines der härtesten.

Redensart

Mein lieber Herr Gesangsverein: Die Jukebox

WER BIN ICH?

Wer steht umringt von Zuschauern mitten im Getümmel und singt aus Leibeskräften? Richtig: die vor Eifer rotbackige Jukebox. Sie genießt es sichtlich, der Mittelpunkt zu sein und das Nützliche mit dem Angenehmen zu verbinden. Schließlich rollt der Rubel, während sie ihrer Lieblingsbeschäftigung nachgeht: dem Singen. Klar, manch ein Spaßvogel steht debil kichernd oder betrunken grölend vor ihr, doch das hält ihr Selbstbewusstsein locker aus. Die Welt ist eben nicht idiotenfrei. Und schließlich gibt es da draußen auch genügend schüchterne oder ganz unverhohlene Bewunderer, allein für die lohnt sich die Sache.

Wenn die Jukebox gerade nicht ihrer eigentlichen Bestimmung nachgeht, ölt sie ihre Kehle an der Bar mit flüssigem Gold und plaudert mit Gleichgesinnten wie Elvis, Michael Jackson und Amy Winehouse. Viel diskutierte Themen sind die heilende Kraft des Tönens und Singens, die destruktive Wirkung von frustrierten Gesangslehrern und der Wandel in der Tonträgerindustrie. Nur der DJ sieht zu, dass er nicht in die Nähe der Jukebox kommt.

Diese Bretterbude mit ihrer durchdringenden Stimme geht ihm furchtbar auf die Nerven. Vor allem, weil sie ihm den ganzen Abend über die Show stiehlt und dummerweise keinen Stecker hat!

MAN NEHME:

- → 1 Obst- oder Gemüsekiste
- → farbiges Papier
- → Trageriemen von einer alten Tasche oder dicke Kordel
- → 10–20 CDs
- → 1 Mütze
- → 1 LP
- → viele bunte kleine Pappstücke
- → 2 kleine Kartons (vom Smartphone o. ä.)
- → Nadel und schwarzen Faden
- → schwarzen Textilmarker
- → Tacker
- → Schere

UND DANN?

Zuerst bastelst du einen schicken Bauchladen aus der Obst- bzw. Gemüsekiste. Falls die Kiste zu hoch ist, schneidest du sie wie gewünscht herunter. Danach kleidest du sie hübsch aus mit farbigem Papier und schreibst vorne gut sichtbar drauf: 1 SONG = 1 EURO. Nimm den Trageriemen einer alten Tasche und tackere ihn in der für dich passenden Länge an beide

LP
Jukebox
DANCE
AMADEUS
Rock it

The Voice

Seiten des Bauchladens. Jetzt überlegst du dir, welche Lieder du zum Besten geben willst, und schneidest dazu jeweils eine CD aus bunter Pappe aus und schreibst Interpret und Titel auf die Vorderseite. Alternativ kannst du natürlich auch entsprechende CDs aus deiner Sammlung dafür nehmen.

Stell die CDs in eines der beiden Kästchen und schneide in das andere den Geldschlitz für deinen wohlverdienten Lohn. Beide kommen in den Bauchladen.

Für den Rest des Outfits nähst du die LP auf die Mütze, indem du neben das mittlere Loch ein zweites bohrst und dann wie bei einem Knopf vorgehst. Dann malst du einen Notenschlüssel auf die Rückseite deines Oberteils und nähst die CDs an Arme und Beine und um den Notenschlüssel herum. Jetzt heißt es: Abwarten und Bier trinken, bis jemand bereit ist, für deine Stimme zu zahlen.

EFFEKTSTEIGERUNG

Stimme mit mitgebrachter Schelle o.Ä. begleiten.

DAS MEINT DR. MASKERADE

FEIERTAUGLICHKEIT

★★★★★

Ein bisschen lästig ist dein Bauchladen schon. Beim Getränkeordern oder beim Weg durch die Menge. Wildes Tanzen kannst du damit komplett vergessen. Für Bewegungsmuffel ist dieses Kostüm genau das Richtige. Und sie können höchst bequem alle Arten von Getränken auf diesem Pappkasten abstellen. Endlich mal!

FLIRTFAKTOR

★★★★★

Die Möglichkeiten, den persönlichen Stern des Abends zu besingen, sind endlos! Für 80er-Jahre-Hipster trällerst du *You're My Heart, You're My Soul*, rassige Schönheiten kannst du perfekt mit *O Sole mio* bezirzen, und prollige Feger hast du mit *Sexual Healing* schon fast an der Angel. Wer da nicht dahinschmilzt … lohnt das Flirten nicht.

ERLEBNISFAKTOR

★★★★★

Folgende Szenarien sind vielleicht übertrieben, aber nicht undenkbar. Eins oder mehrere oder alle zusammen:

a) Du wirst reich

b) Du wirst berühmt

c) Du singst dich in das Herz der Liebe deines Lebens

d) Du kriegst was aufs Maul

Mit diesem Kostüm kannst du also ganz nach oben steigen – oder auf die Erde krachen. Mehr Spannung ist kaum möglich!

Wo man singt,
da lass dich ruhig nieder.
Böse Menschen
haben keine Lieder.

Nach einem Gedicht von
Johann Gottfried Seume

Armer schwarzer Kater:

Das Schönheits-OP-Opfer*

MAN NEHME:

- → schwarzen Kajal
- → 2–3 Pflaster
- → 1 Duschhaube
- → wer hat: 1 OP-Kittel

Nein, du bist kein Masochist. Du bist ein politisches Statement! Zeichne dir mit dem Kajal gestrichelte Linien um Auge, Nase oder Mund, die jeweils mit einem Pfeil enden. Jetzt klebst du dir noch die Pflaster an entsprechende Stellen ins Gesicht, setzt die Haube auf und gehst protestieren. Oder doch lieber feiern?! Schön genug bist du jedenfalls.

EFFEKTSTEIGERUNG

Etwas Ketchup unter den Pflastern »hervorquellen« lassen.

AUA!

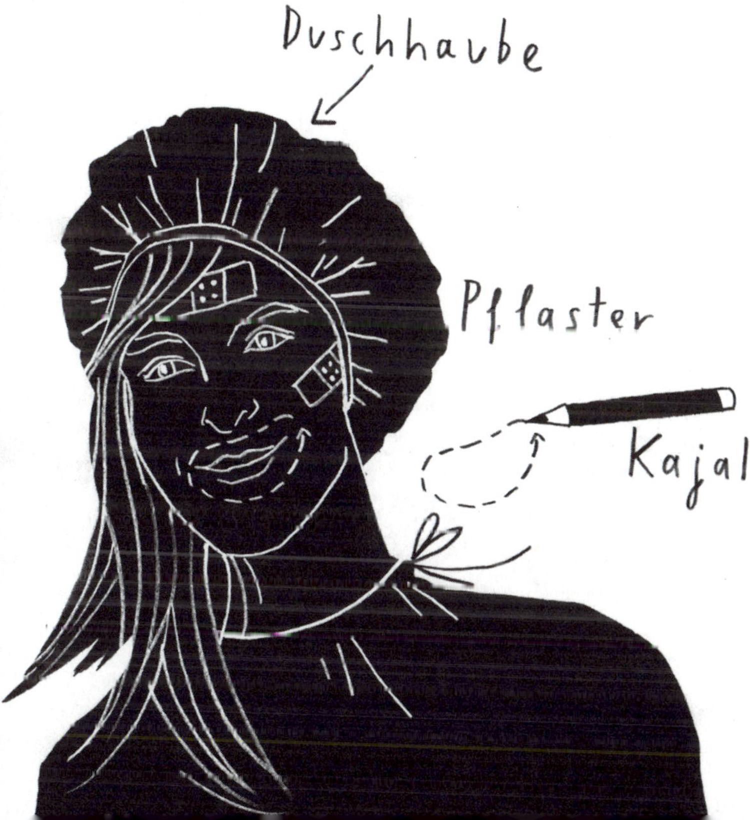

Um die Ec

e gedacht

Von wegen Unkraut: Das Mauerblümchen

WER BIN ICH?

Ab heute wird keiner mehr den Fehler begehen, Mauerblümchen zu unterschätzen. Denn dieses kleine, vermeintlich unscheinbare Gewächs ist sehr viel schlauer als der Rest. Immerhin reckt es seine Blüten nicht dümmlich stolz in den Himmel (wie beispielsweise die Kollegin Rose), sondern versteckt sich geschickt vor unliebsamen Blicken sowie vor Wind und Wetter, indem es sich an dicke Mauern schmiegt. Fernab von anderen Artgenossen pflegt das Mauerblümchen hier ein äußerst angenehmes Dasein. Die schönen und sehr viel größeren Kollegen, die abgerupft werden, um halb tot in hässlichen Blumenvasen zu landen, können ihm nur leidtun. Lieber klein und unauffällig an eine Mauer gelehnt, als groß, schön und tot sein. Zum Glück merken das die anderen hochnäsigen Pflanzen nicht. Denn zum Glück sind nicht alle so schlau wie das Mauerblümchen; der Platz an schnuckeligen Mauern ist schließlich begrenzt!

MAN NEHME:

- 1 helles Shirt
- 1 grauen oder braunen Edding oder Textilmarker
- Blumen (egal ob echt oder künstlich)
- Nadel und Faden

Auf der Mauer, auf der Lauer …

UND DANN?

Male ein Mauermuster auf dein Shirt. Dann suchst du ein paar möglichst kleine und nicht zu auffällige Blümchen (gibt's auch an der Supermarktkasse) und nähst diese an die Mauer auf deinem Shirt. Wenn du magst, kannst du auch ein paar in den Haaren verteilen.

EFFEKTSTEIGERUNG

Sprühflasche mit alkoholischem Getränk mitführen. Mund auf: gießen (lassen). Deine Wurzeln wachsen schließlich nicht nur von Luft und Liebe.

DAS MEINT DR. MASKERADE

FEIERTAUGLICHKEIT

★★★★★

Du feierst heute mal nur dich selbst. Dabei kannst du zeigen, was in dir steckt, und endlich mal mit allen Vorurteilen aufräumen. Unauffällig und still an Mauern hocken darfst du morgen wieder – und dein ganzes restliches Leben. Lass dich heute mal von Wildfremden gießen, tanz mit Gärtnern, Kätzchen, Nutten und Jägern. Auch die Mauer tanzt nur nach deiner Nase. Endlich!

FLIRTFAKTOR

★★★★★

Ein Blümchen wie du ist das ganze Jahr über mit seiner Mauer fest verwurzelt. Denken alle. Sollen sie doch – das macht dich umso interessanter. Schließlich gilt das Blümchen als unantastbar, eine Attitüde, die viele ziemlich reizvoll finden. Lass dich also anquatschen, so oft es geht, und zeig nur denen die kalte Schulter, die wirklich doof sind.

ERLEBNISFAKTOR

★★★★★

Endlich bist du mal die Hauptperson und nicht die Mauer, an der du Tag für Tag lehnst. Das sollte gebührend gefeiert werden. Du darfst das Leben genießen und ab und an auch ’ne dicke Lippe, Pardon, Wurzel riskieren – schließlich hast du die Mauer für den Notfall im Schlepptau. Wer sonst nie feiert, sondern immer nur nett und unauffällig im Halbschatten lebt, weiß auch die schlechteste Party zu schätzen und hat den Spaß seines Lebens! Besser als heute wird’s nie mehr.

Sei wie das Blümlein an der Mauer
bescheiden, sittsam und rein,
nicht wie die stolze Rose,
die immer bewundert will sein

Aus dem Poesiealbum

Edding

Shakin' Stevens: Der Zitteraal

WER BIN ICH?

Das gesellschaftliche Parkett taugt dem Zitteraal nicht recht, nervös und ängstlich, wie er ist. Hoffentlich spricht ihn keiner an, hoffentlich landet er nicht versehentlich im Mittelpunkt – ein Albtraum! Am liebsten hält er sich im Hintergrund auf und schwimmt unauffällig mit dem Strom. Sein Äußeres ist dafür schließlich wie geschaffen: Er ist lang, dünn und schön schlüpfrig.

Nur auf Pool- oder Schaumpartys ist unser glitschiger Genosse in seinem Element. Da lässt es sich herrlich im Nassen tummeln, bei Bedarf abtauchen, und im Pool kann man sich das Geschehen unbemerkt und ganz in Ruhe von unten anschauen. Im Schaum dagegen muss man sich noch nicht mal zu erkennen geben und hat die Chance, den ganzen Abend lang inkognito durch die Menge zu gleiten. Das passt dem Aal gut zwischen die Kiemen!

Leider ist das Leben aber nun mal keine Schaumparty, und auch der Zitteraal kann nicht jeden Abend in der Badewanne hocken. Er hat deshalb eine Methode entwickelt, mit der er sich im Notfall verteidigen kann. Wenn er in Panik versetzt wird

dunkle Bademütze
weißes Laken
Gesichtsmaske
gelber Stoff
Rückseite

(Aufforderung zum Tanz, Fotografen-Attacke usw.), nicht rechtzeitig fliehen kann und sich zur Wehr setzen muss, tut er dies mit … Elektrizität!

MAN NEHME:

- → schlammfarbene Kleidung (idealerweise Overall/Ganzkörperanzug)
- → 1 dunkle Bademütze o. ä. Kopfbedeckung
- → Schlammgesichtsmaske
- → 1 schmutzig weißes Laken
- → gelbe Stoffreste
- → Nadel und Faden
- → Schere

Shake it!

UND DANN?

Weil Zitteraale auf ihrer Körperunterseite hell sind, nähst du auf den Brust-Bauch-Bereich deines Oberteils und auf die Vorderseite deiner Hose die vorher zurechtgeschnittenen Stücke des Lakens. Auf die Rückseite des Oberteils kommt ein gelber Blitz aus Stoff. Bevor du losziehst, setzt du die Kopfbedeckung auf, klemmst deine Haare darunter und trägst die Schlammmaske auf. Nun gilt es nur noch, gehörig zu zittern.

EFFEKTSTEIGERUNG

Lade dich elektrisch auf (trage Schuhe mit Gummisohle und Synthetikhandschuhe, die du aneinanderreibst, oder einen Luftballon) und verteile mittelschwere Stromstöße.

DAS MEINT DR. MASKERADE

FEIERTAUGLICHKEIT

★★★★★

Wo kämen wir denn hin, wenn jeder die Party rocken will? Es braucht auch schüchterne Gäste, die sich durch die Menge schlängeln und als Feierstatisten fungieren. Eine perfekte Aufgabe für einen stillen Beobachter wie den Zitteraal. Aal dich also schön im Hintergrund.

FLIRTFAKTOR

★★★★★

Die Welt besteht ja zum Glück nicht nur aus draufgängerischen Piraten, Cowgirls und Lara Crofts. Es gibt auch noch genügend einfühlsame Krankenschwestern, Liebesgötter, Schneewittchen oder artverwandte Meerjungfrauen, Oktopusse oder Hummer. Wecke durch Zittern deren Beschützerinstinkt, und sie werden dich zu nehmen wissen.

ERLEBNISFAKTOR

★★★★★

Aufregend ist die Party für dich allemal – in Aufregung versetzt dich schließlich beinahe alles! Wie viele Menschen du wohl ausknocken wirst …? Sobald du in eine Klo- oder Thekenschlange gerätst, vergiss bloß nicht zu zittern. Vielleicht lässt man dich ja sogar vor. Doch hüte dich vor zu viel Aufmerksamkeit!

We gonna rock down to
Electric Avenue
And then we'll take it higher.

Electric Avenue
von Eddy Grant

Gesichtsbuch: Das leibhaftige Facebook

WER BIN ICH?

Klar ist: Kommunikationsjunkies wie das Facebook fühlen sich auf jeder Fete wohl. Sie lieben das Bad in der Menge und smalltalken, bis die Pinnwand kracht. Alle Gesprächspartner sind nach drei Minuten »Freunde« – hierbei ist das Facebook nicht besonders wählerisch, die Unterhaltungen kratzen sowieso nur an der rauen Oberfläche.

Das Facebook erzählt zwar viel, zeigt aber nur die Seiten von sich, die sich online gut verkaufen lassen, dafür poliert es diese Halbwahrheiten aber auch, bis sie so richtig glänzen. Da wird der Kassierer schon mal zum Tankstelleninhaber, der Urlaub auf Google Maps wird zum krassen Selbsterfahrungstrip und die letzte Kneipen-Knutscherei zum Romantik-Wochenende in Paris.

Spaß bringt das allemal, und wer will schon tiefschürfende Gespräche führen, während um einen herum das wilde Partytreiben tobt? Dann doch lieber Likessammeln und ungefiltert Freundschaftsanfragen stellen. Das Facebook versteht es, einen gut gelaunten

Papierbox
Brilleante
Freunde
693
STATUS

Abend zu verbringen und ihn sich um keinen Preis vermiesen zu lassen. Erst recht nicht von Freunden, die man sogar anfassen kann.

MAN NEHME:

- 1 flache Papierbox oder -schachtel, die mindestens doppelt so breit und dreifach so lang ist wie dein Kopf (notfalls zurechtbasteln)
- blaue (Wasser-) Farbe
- Pinsel
- 4–5 Fotos
- schwarzen Edding
- Cutter
- Flüssigkleber

UND DANN?

Schneide mit dem Cutter die eine schmale Seite der Box komplett ab, damit du sie dir später aufsetzen kannst. Dann schneide in die Vorderseite eine gesichtsgroße Öffnung, dadurch steckst du später deinen Kopf.

Auf die oberen Ränder der Box malst du nun ringsum einen blauen Rand à la Facebook. Dann schreibst du einen Nickname und eine (hohe) Anzahl an Freunden auf die Vorderseite, malst zwei Rechtecke auf den verbleibenden Platz und verzierst eins davon mit deinen ausgewählten Fotos.

EFFEKTSTEIGERUNG

Sich mit Statusmeldungen bekleben lassen. Dafür Post-Its, Stifte, Kartoffeldruck-Like-Daumen und Stempelkissen mitführen.

DAS MEINT DR. MASKERADE

FEIERTAUGLICHKEIT

★★★★★

Du bist als interessanter Gesprächspartner heiß begehrt – hol nur ab und zu mal Luft und einen eisgekühlten Drink, du alte Quasselstrippe! Vergiss nicht, ab und an Statusmeldungen durchzugeben (»stehe an der Bar«, »trinke gerade ein Bier«), und lass dich ordentlich liken! Social Media Experten wie du wissen, was die Leute da draußen interessiert …

FLIRTFAKTOR

★★★★★

Du wirst nicht lange auf Bewunderer warten müssen: Dein Selbstdarstellungsbrett zieht alle magisch an. Du hast die Qual der Wahl! Besonders gut lässt es sich mit einem Karton auf dem Kopf zwar nicht küssen. Aber Personen zum Anfassen bist du ja eh nicht gewöhnt. Trotzdem: Nutze die Effektsteigerung, und lass dich mit Post-it-Küssen, hocherhobenen Daumen und anderen Komplimenten bekleben! Like?

I like

ERLEBNISFAKTOR

★★★★★

Ständig rückt jemand näher und will sich in deinem Buch verewigen, und um dich herum herrscht reger Trubel, weil man über all das so fantastisch ins Gespräch kommt. Deine Freundesliste wächst und wächst – und das an nur einem Abend, Hammer! Einziges Manko: Du bist ganz furchtbar analog unterwegs. Den aktuellen Status kannst du nur per Zettel oder mündlich durchgeben. Und wie postet man jetzt eigentlich Links auf deine Pinnwand? Damn!

Ein gutes Buch
ist ein großartiger Gefährte.

Redensart

Klopf Klopf Klopf: Das Brett (vorm Kopf)

WER BIN ICH?

Einmal volles Brett so richtig dämlich sein? Als Dauerlösung gar nicht mal so geil. Für einen Abend allerdings: absolut erstrebenswert! Als Brett vorm Kopf kann man endlich einen rundum unkomplizierten und unbeschwerten Abend genießen. Ohne die lästige Sorge, ob Kumpel oder Freundin sich auch wirklich wohlfühlen, man mit schlechtem Humor andere vor den Kopf stößt, ob man jetzt wirklich Ace Of Base ertragen oder ernsthaft zu *Dicke* von Westernhagen tanzen muss. Alles egal, denn heute heißt es: Nicht denken – einfach machen! Brote schmieren sollen doch die anderen.

MAN NEHME:

→ 1 (Frühstücks-)Brettchen aus dem Schrank oder Supermarkt
→ 1 Stirnband
→ Bohrer
→ Kordel

UND DANN?
Um dir ein Brett vor den Kopf zu schnallen, gibt es mehrere Möglichkeiten: Entweder du bohrst zwei kleine Löcher in die Seiten, fädelst eine Kordel durch und befestigst das Ganze an einer Mütze. Oder du nimmst ein entsprechend dehnbares Stirnband, mit dem du das Holzstück um deinen Kopf schnallst.

EFFEKTSTEIGERUNG
Ab und an wo gegen rennen.

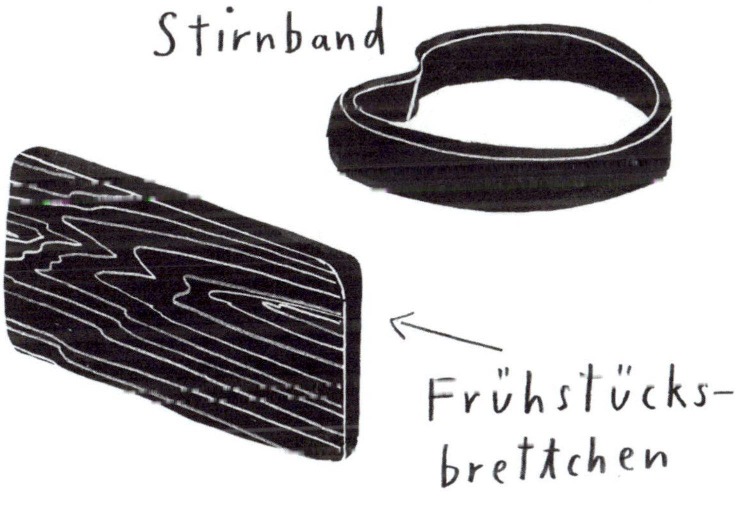

DAS MEINT DR. MASKERADE

FEIERTAUGLICHKEIT

★★★★★

Wie heißt es noch so schön: Dumm feiert gut? Na ja, so ähnlich. Allerdings zählen an dieser Stelle nicht Worte, sondern Taten. Also feier ohne Rücksicht auf Verluste! Dazu zählt nicht nur das unkontrollierte Unsichermachen der Tanzfläche, sondern vor allem das ungefilterte Worte- und Sätzeraushauen. Quassel, wie dir der Schnabel gewachsen ist. Dumme Witze? Schlechte Sprüche, Redensarten zum Bleistift? Keine Narretei kann dumm genug sein, kein Pennälerstreich zu schlecht. Denn Niveau ist heute eine Hautcreme.

FLIRTFAKTOR

★★★★★

Wenn du nicht gerade mit Fräulein Oberschlau oder einem verkappten Lehrkörper anbändeln willst, stehen deine Chancen nicht schlecht, heute einen anständigen Flirt abzugreifen. Unterschätze also niemals den Look des Brettchens! Wobei in Sachen Flirt jedoch gilt: Nicht allzu häufig und zu unappetitlich weit das Maul aufreißen. Was zu viel ist, ist zu viel!

ERLEBNISFAKTOR

Plattes Ober-stübchen

Was man als schlichtes Holzbrett an einem Abend nicht alles erleben kann – sämtliche Freuden der sorglosen Beschränktheit. Ein paar Fragen bleiben allerdings offen: Wie viele Brote werden auf dir geschmiert? Käse oder Wurst? Süß oder herzhaft? Wer klopft wie oft auf deinen Schädel, um ein wenig Glück abzuernten? Und wer will morgen noch mit einem Brett um die Häuser ziehen?

Dumm ist der,
der Dummes tut.

Redensart

Hat's geschnallt: Das Gürteltier

WER BIN ICH?

Nachgesagt wird es ja vielen, beim Gürteltier allerdings entspricht es den Tatsachen: Es ist außen ganz hart und innen weich. Schuld daran sind etliche seinen Körper schmückende Gürtel, Gürtel und noch mal Gürtel. Und die sind praktischer, als man denkt: Trägt man nichts außer Gürtel, gerät man nie in Outfit-Schwulitäten. Vor allem in Sachen Passgenauigkeit sind Gürtel praktisch wie nix: Der Bauchumfang kann jederzeit und ohne großen Aufwand Homer-Simpson-like den aktuellen Essgewohnheiten angepasst werden. Einfach bei vollem Bauch den Gürtel zwei Löcher weiter lupfen. Und hat das Tier mal Kohldampf außerhalb der gewohnten Essenszeiten, kann es durch energisches Ziehen des in Magennähe befindlichen Gürtels die peinliche Knurrerei flott beenden.

Das unkomplizierte Äußere des Tierchens überträgt sich auch auf seinen Charakter: Es ist eine seeeehr entspannte Type. Und wer jetzt denkt, sein Outfit sei an Langeweile kaum zu toppen, weil Gürtel doch gleich Gürtel ist, der irrt gewaltig! Schließlich gibt es Leder, Stoff, Bast, Blau, Rot, Schwarz, Braun, Haselnuss …

Außen hart und innen ganz weich

MAN NEHME:

- jede Menge Gürtel

UND DANN?

Binde dir so viele Gürtel wie möglich um beliebige Körperteile.

Tipp: Warum nicht auch im Kleiderschrank von Mitbewohnern und oder Familienmitgliedern nach prunkvollen Gürtel-Exemplaren schauen?

EFFEKTSTEIGERUNG

5 bis 7 echte oder unechte Rosen um die bauchnahen Gürtel schnallen. Schon hat das Gürteltier eine waschechte Gürtelrose vorzuweisen.

DAS MEINT DR. MASKERADE

FEIERTAUGLICHKEIT

★★★★★

Dank deiner gepanzerten Außenhülle bist du ein stahlhartes Vieh, das sich nicht so leicht umhauen lässt. Weder von harten Getränken noch von Clowns, Cowboys, Krankenschwestern oder sonstigem Kostümgesocks. Also reiß ruhig ordentlich das Fressbrett auf. Kipp Getränke rein, und lass Unverschämtheiten raus! Damit zwischendurch nicht doch mal ein Selbstzweifel an dir nagt, zieh dir fix noch mal den Wikipedia-Artikel über deine Spezies rein, und wiederhole mantraartig: »Ich bin der einzig Überlebende der Gepanzerten Nebengelenktiere«.

FLIRTFAKTOR

★★★★★

Was rar ist, wollen alle haben. Klar, dass du dich als Fastausgestorbener vor Angeboten kaum retten kannst. Berichte von deinem harten Überlebenskampf als Lonely Rider, male dir spannende Urzeitgeschichten aus und benimm dich wie der Marlboro-Mann persönlich. Dir stehen also alle Möglichkeiten offen. Falls aber doch nichts gehen sollte, lass den Cowboy raushängen, und fang dir ein Opfer per Lasso aka Gürtel! Oder nutze die Effektsteigerung und weise subtil, aber bestimmt auf deine Gürtelrose hin. Die Mitleidsnummer zieht erschreckend oft.

ERLEBNISFAKTOR

★★★★★

Selbst wenn sich auf der Fete nur Langweiler tummeln, wird sie spätestens dann zum Hit, wenn du deinen berühmt-berüchtigten Gürteltier-Samba aufs Parkett legst. Er beinhaltet das schrittweise Abnehmen deiner Gürtel … mehr Erlebnis geht (fast) nicht, weder für dich noch für den Rest der Gesellschaft. Oder?

Jedem Tierchen sein Pläsierchen.

Redensart

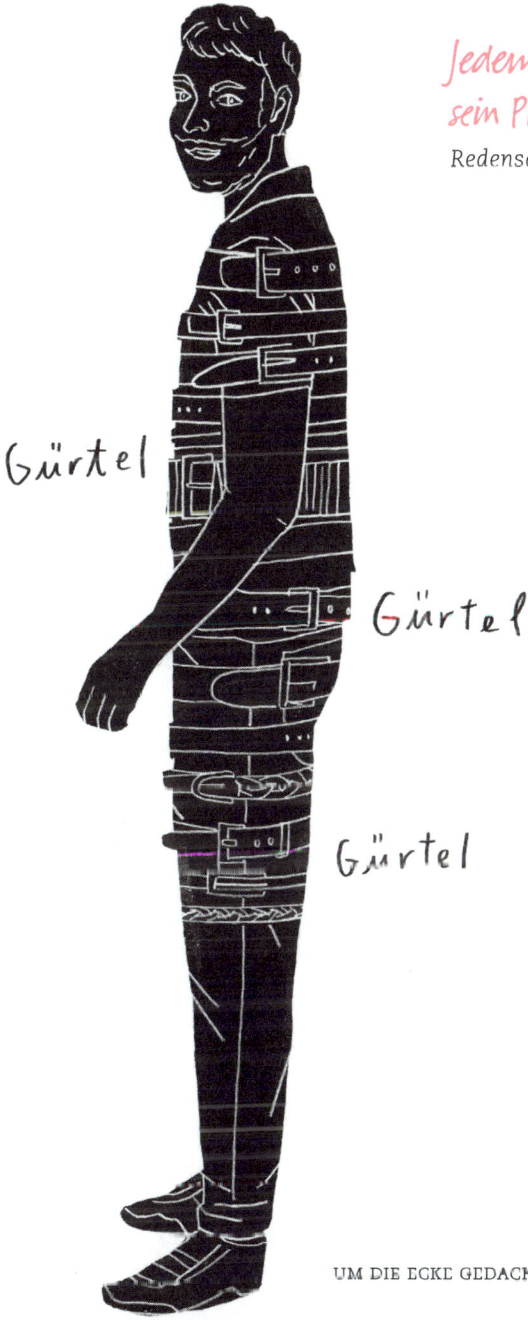

Nicht besonders helle: Der Armleuchter

WER BIN ICH?

Großartige geistige Ergüsse darf man vom Armleuchter nicht erwarten. Auch ansonsten kann er nicht besonders viel. Trotzdem – oder vielleicht auch gerade deshalb – ist er ab und an ein extrem nützlicher Partygeselle. Beispielsweise wenn man mit einer Gruppe unterwegs ist und Gefahr läuft, sich in Gewühl und Dämmerlicht einer wilden Partynacht zu verlieren. In diesem Fall schickt man ganz einfach den Armleuchter voran – er weist automatisch und sogar völlig ungewollt den Weg. Na ja, jedenfalls wenn man ihm vorher unmissverständliche Anweisungen gegeben hat. Auch in anderen Situationen erweist sich der Armleuchter als treudoofer, aber sehr loyaler Freund.

Das Schönste an all dem ist, dass er sich für absolut nix zu schade ist und einfach mitlacht, am liebsten über sich selbst. Nur wenn seine Batterien leer zu gehen drohen, kann es schon mal brenzlig werden. Denn sobald ihm das Licht ausgeht, gerät des Armleuchters einzige Mission in Gefahr. In seiner Orientierungslosigkeit klammert er sich dann angsterfüllt an die ihm am nächsten stehende Person –

und die wird ihn im schlimmsten Fall erst im Hellen wieder los.

MAN NEHME:

Variante a)

- 2 batteriebetriebene Lichterketten
- Packband oder Kordel

Variante b)

- 2 Taschenlampen
- 2 Armstulpen/lange Haargummis/Schals

Für beide Varianten gilt:
Ersatzbatterien nicht vergessen!

Es werde Licht!

UND DANN?

Zieh dir einfach irgendwas an, Hauptsache, die Ärmel sind nicht allzu weit. Wickle dir für Variante a) mindestens eine batteriebetriebene Lichterkette um jeden Arm. Fixiere das Ganze mit Packband oder Kordel. Wählst du die Taschenlampenversion, befestigst du mit einer Armstulpe, einem langen Haargummi oder auch mit einem dehnbaren Schal eine Taschenlampe pro Arm, und zwar unterhalb des Ellbogens – achte darauf, dass du den Arm noch beugen kannst, sonst wird die Party wenig spaßig. Lass das vordere, leuchtende Ende vorne aus den Stulpen rausschauen.

Lichterkette

EFFEKTSTEIGERUNG

Möglichst dumm aus der Wäsche gucken.

DAS MEINT DR. MASKERADE

FEIERTAUGLICHKEIT

★★★★★

Als Armleuchter kannst du eines ganz besonders gut: Mit einfachen Mitteln sehr viel hermachen. Dein Kostüm besteht hauptsächlich aus genialer Doppeldeutigkeit. Und da nicht jeder sofort kapiert, wer du bist, kommst du leicht mit vielen Personen ins Gespräch. Auch brauchst du den ganzen Abend an absolut nichts zu denken, kannst dich also bei allem bedenkenlos blöd anstellen, weil dich die Party-Crowd sowieso für wenig schlau hält.

FLIRTFAKTOR

★★★★★

Klar wirst du zum Flirten kommen. Denn wer unwissend-unschuldig bis schön blöd tut, kann schließlich nichts Bösartiges im Schilde führen. Beim anderen Geschlecht kommt das meist gar nicht so schlecht an. Um ein wenig Aufmerksamkeit zu erregen, kannst du ab und an mit deinen Armen ein prima Blitzlichtgewitter auf der Tanzfläche fabrizieren. Wer dick auftragen möchte, kann der Person seiner Träume auch zwischendurch mal was über eigens erfundene fantastische Sternbilder erzählen. Und diese natürlich auch direkt an die Decke »malen«.

ERLEBNISFAKTOR

★★★★★

Nicht nur mit deinen strahlenden Ruderbewegungen, deinem außergewöhnlichen Tanzstil und deinem angenehm hohlen Charme kannst du an diesem Abend die Leute für dich gewinnen. Noch dazu wirst du sie extrem gut zu unterhalten wissen: Kennst du das Spiel Leucht-Pantomime? Dann wird es aber Zeit! Die Regeln? Du steckst doch nicht etwa schon in deiner Armleuchter-Uniform?? Kurz nachdenken hilft bestimmt!

Es ist besser,
ein einziges kleines Licht anzuzünden,
als die Dunkelheit zu verfluchen.

Konfuzius

Süß, süßer: Das Ahörnchen

WER BIN ICH?

Das Ahörnchen ist ein munteres kleines Tierchen, das den lieben langen Tag flink in der Weltgeschichte umherkraxelt und seinen Spaß hat. Es ist von unkomplizierter, liebenswürdiger Natur und dadurch allseits beliebt. Letzteres liegt auch an seinem schnuffigen Äußeren – dank Mandeläuglein und seinem kuschligen Fell verzeiht man ihm fast allen Schabernack, der ab und an in Form eines Schalks im weichen Nacken des Ahörnchens sitzt.

Beim Feiern zum Beispiel führt sein mächtiger Sammeltrieb dazu, dass es die leckersten und kostbarsten Drinks und Häppchen wegstibitzt und blitzschnell in seiner Hosentasche verschwinden lässt. Auch Späße wie Knallbonbons in den Jackentaschen der Gäste verstecken oder Hagebuttensamen in den Ausschnitt streuen, gehören zu seinem Repertoire. Ansonsten hüpft es vergnügt auf der Tanzfläche oder sonst wo herum und ist nicht leicht zu bändigen. Klingt doch nach echtem Party-Animal, oder? Zwar handelt es sich bei dieser Spezies eher um Einzelgänger – doch das ist nicht weiter tragisch, beim anderen Geschlecht nämlich macht

Essbar

es durchaus eine Ausnahme und ist gerne mal zu zweit. Außerdem: Wer will schon den ganzen Abend bei ein und derselben Gruppe verbringen?

MAN NEHME:

- → 1 einfarbiges, möglichst braunes T-Shirt
- → 1 einfarbige, möglichst braune Hose
- → 1 Stirnband
- → dicken Folienschreiber oder Textilfarbe
- → 1 Croissant oder anderes Hörnchen
- → Bindfaden
- → Nadel
- → schwarzen Kajalstift oder schwarze Schminke

UND DANN?

Male auf die Vorderseite des T-Shirts so groß wie möglich den Buchstaben A. Danach nähst du das Hörnchen vorsichtig mit Nadel und Faden schön mittig auf das Stirnband. Zieh die einfarbige Hose und das zurechtgemachte T-Shirt an, stülpe dir das Stirnband über – achte darauf, dass das Hörnchen vorne sitzt –, male dir einen schwarzen Punkt auf die Nasenspitze, und die Verwandlung ist perfekt.

EFFEKTSTEIGERUNG

Du nimmst das Behörnchen mit, na logo! Achtung: Dieses Hörnchen unterscheidet sich neben dem Buchstaben auf dem T-Shirt durch die rote statt schwarze Nasenspitze.

DAS MEINT DR. MASKERADE

FEIERTAUGLICHKEIT

★★★★★

Das Ahörnchen erweist sich als exzellentes Feierkostüm. Weder unbequeme Kleidung noch störende Accessoires sind im Weg. Das Hörnchen pappt fest auf deiner Stirn. Unbescholten und unauffällig kannst du dich fröhlich im Geschehen tummeln. Alle Sympathien sind auf deiner Seite, du kannst nach Herzenslust mal hier nippen, mal dort knabbern und den Schönen mit deinen drolligen Äuglein zublinzeln – ohne, dass du auf vorsichtige Zurückhaltung stößt. Herrlich! Höchstens auf dein Hörnchen musst du ein bisschen aufpassen, damit es nicht zusehends abblättert bei freiwilligen oder unfreiwilligen Annäherungen auf der Tanzfläche.

FLIRTFAKTOR

★★★★★

Ahörnchen sind soooooo liebenswert und putzig, und dazu tragen sie ein so knusprig-leckeres Gebäck mit sich herum – logisch, dass das Flirten da ein Kinderspiel ist. Viel besser können die Voraussetzungen für von Erfolg gekröntes Balzen nicht sein.

ERLEBNISFAKTOR

★★★★★

Es mag ungewohnt sein, dass dir die Herzen so zufliegen, doch wir sind sicher, du wirst dich ganz schnell gehenlassen und la dolce vita einmal im Leben auf ganzer Linie genießen können. Wenn du Glück hast, wirst du einige deiner neuen Freunde mit in dein normales Leben nehmen. Dieses Kostüm ist ein Geschenk! Mach was draus!

Was soll das schlechte Leben nützen?

Redensart

Fies, fieser:
Der Tinnitus*

Der Anti-Ohrwurm

MAN NEHME:

- → 1 Smartphone
- → roten Lippenstift

Dies ist ein schönes Kostüm für Freunde der Provokation. Es eignet sich perfekt für die, die auf den oberen Frequenzen taub oder insgesamt komplett schmerzfrei sind. Du musst dir dazu lediglich einen eindringlichen hohen Ton auf dein Smartphone laden und diesen den ganzen Abend lang abspielen. Ach ja, und ein Ohr kannst du noch rot anmalen, als dezenten kleinen Hinweis.

EFFEKTSTEIGERUNG

Trillerpfeife um den Hals hängen.

Romantisch-versiert: Die Milchstraße*

MAN NEHME:

- → 3–4 Packungen Sternchen-Tütensuppe
- → 1 dunkelblaues Shirt
- → Textilkleber

Kleb alle, alle Sternchen aus den Suppenpackungen als Oval auf die Vorderseite deines Shirts. Doch, das schaffst du! Lass dir Zeit. Setz dich vor den Fernseher, auf den Balkon, vor ein Glas Wein, eine Tasse Milch mit Honig … und klebe, was das Zeug hält. Unperfektionisten verteilen einfach nur Kleber auf einem Shirt und kippen die Suppenbestandteile darauf. Die Galaxie ist schließlich auch nicht lupenrein sauber.

EFFEKTSTEIGERUNG

Mini-Milky-Ways mitführen und damit Barkeeper, Kloschlangen-Menschen und deinen persönlichen Stern des Abends bestechen.

dun

Galaktisch gut

Idee
Motto

n für
partys

Nach so vielen Kostümvorschlägen bist du so richtig in Schwung gekommen und hast Lust auf Action? Fein! Dann kann deine nächste Party ja direkt in Planung gehen. Ein passendes Motto reicht aus, um die Vorfreude und Fantasie deiner Gäste in Wallung zu bringen. Anregungen dazu gibt's hier:

die Shisha

der kleine Muck

die Siamkatze

die Falafel

der Schleier

Zauber des Orients

die Bauchtänzerin

das Kamel

der fliegende Teppich

der Gewürzmarkt

---

der Feuerwehrmann*

die Rote Zora

Bud Spencer

Captain Future

Shee-ra

Kindheitsidole

Die Drei Fragezeichen

der Lokomotivführer

Fred Feuerstein

Ronja Räubertochter

Sexgötter

Tina Turner

Silvio Berlusconi

Conchita Wurst*

Andrea Berg

Pamela Anderson

Bill Kaulitz

Boris Becker

der italienische Fußballer

Touristenklischees

der Allesfotografierer

der Mit-Geld-um-sich-Werfer

das Hawaiihemd

der Funktionskleidungsträger

der rülpsende Säufer

der arrogante Großkotz

mit Bierbauch

der mit den Socken in den Sandalen

Helden der Achtziger

Freddie Mercury*

Aerobic-Tänzer

die Musikkassette

der Zauberwürfel

Europe

Dirty Dancing

Miami Vice

Modern Talking

der Denver Clan

Lieblingsfreaks

Arnold Schwarzenegger

Hare-Krishna-Jünger

Heino

Gollum

Teletubbies

der Tatortreiniger

Pumuckl

alle aus Big Bang Theory

Mao Zedong

Heidi Klum

der Inquisitor

der Pate

die Voodoopuppe*

Dunkle Mächte

Hannibal Lecter

Darth Vader

Google

die Kakerlake

---

der Fallschirmspringer

die Kirchenorgel

Mutter Teresa

der Heilige Geist

Dem Himmel so nah

die Milchstraße*

der Papst

die Wolke

der Weihnachtsbaum

Johanna von Orléans